민주주의는 죽었는가?

Démocratie, dans quel état?
Giorgio Agamben, Alain Badiou, Daniel Bensaïd, Wendy Brown,
Jean-Luc Nancy, Jacques Rancière, Kristin Ross, Slavoj Žižek

Copyright ⓒ 2009 La Fabrique éditions
All Rights Reserved

Korean translation copyright ⓒ 2010 Nanjang Publishing House
This Korean edition was published by arrangement with
La Fabrique éditions, Paris through Bestun Korea Agency Co., Seoul

이 책의 한국어판 저작권은 베스툰코리아에이전시를 통한 저작권자와의
독점계약으로 도서출판 난장에 있습니다.
저작권법에 의해 한국 내에서 보호를 받는 저작물이므로
무단전재와 무단복제를 금합니다.

민주주의는 죽었는가?
새로운 논쟁을 위하여

조르조 아감벤, 알랭 바디우, 다니엘 벤사이드, 웬디 브라운
장-뤽 낭시, 자크 랑시에르, 크리스틴 로스, 슬라보예 지젝

김상운·양창렬·홍철기 옮김

일러두기

1. 이 책은 다음의 책을 완역한 것이다. *Démocratie, dans quel état?*, Paris: La Fabrique, 2009. 그러나 영미권에서 활동 중인 세 명의 저자(웬디 브라운, 크리스틴 로스, 슬라보예 지젝)가 기고한 글의 경우에는 저작권자 또는 해당 저자가 직접 제공한 영어 원문을 번역대본으로 삼았다. 따라서 이 세 저자가 기고한 글의 경우에는 한국어판의 내용과 프랑스어판의 내용이 다소 다를 수 있다.

2. 인명, 지명, 작품명은 국립국어원이 2002년 발간한 『외래어 표기 용례집』을 따랐다. 단, 이미 관례적으로 쓰이는 표기는 그대로 따랐다.

3. 각주에는 '지은이 주'와 '옮긴이 주'가 있다. 지은이 주는 1), 2), 3)……으로 표시했으며, 본문의 해당 쪽수 아래에 배치했다. 옮긴이 주는 본문의 해당 부분에 [1], [2], [3]……으로 표시했으며, 모두 후주로 처리했다. 옮긴이 주에는 본문의 내용을 이해하는 데 필요한 배경지식이나 자세한 서지사항 등을 소개해놓았다.

4. 본문에 들어 있는 '[ ]' 안의 내용은 옮긴이가 읽는이들의 이해를 돕기 위해 원문에 없었던 내용이나 표현을 덧붙인 것이다. 단, 지은이가 덧붙였을 경우에는 '[ ]' 안의 내용 뒤에 '— 지은이'라고 명기했다.

5. 본문에 인용된 책이나 글의 내용 중, 해당 한국어판이 있는 경우에는 '[ ]' 안에 한국어판의 자세한 서지사항과 해당 쪽수를 병기했다. 단, 인용된 구절은 한국어판을 그대로 따르기보다는 문맥에 맞게 부분적으로 수정했다.

6. 단행본·전집·정기간행물·팸플릿·영상물·음반물·공연물에는 겹낫표(『 』)를, 그리고 논문·논설·기고문·단편·미술 등에는 홑낫표(「 」)를 사용했다.

차례

기획의 말 11
프랑스어판 편집자 서문 16

1. 민주주의라는 개념에 관한 권두노트
   조르조 아감벤(베네치아건축대학교 철학·미학 교수) 19

2. 민주주의라는 상징
   알랭 바디우(파리고등사범학교 철학 명예교수) 27

3. 영원한 스캔들
   다니엘 벤사이드(파리8대학교-뱅센느·생드니 철학 교수) 43

4. "오늘날 우리는 모두 민주주의자이다……"
   웬디 브라운(캘리포니아대학교 버클리캠퍼스 정치학 교수) 83

5. 유한하고 무한한 민주주의
   장-뤽 낭시(스트라스부르대학교 철학 명예교수) 105

6. 민주주의에 맞서는 민주주'들'
   자크 랑시에르(파리8대학교-뱅센느·생드니 철학 명예교수) 127

7. 민주주의를 팝니다
   크리스틴 로스(뉴욕대학교 비교문학 교수) 137

8. 민주주의에서 신의 폭력으로
   슬라보예 지젝(류블랴나대학교 이론정신분석학협회 대표) 165

옮긴이 후주 197
글쓴이·옮긴이 소개 209

기획의 말

이 책의 원제는 『민주주의, 어떤 상태에?』이다. 여기서 '상태'라는 말은 프랑스어 표현인 '차가 현상서'état des lieux(집을 임대해 들어가고 나올 때 집의 상태를 점검하는 보고서)를 염두에 둔 것이다. 다시 말해 이 책은 라파브리크출판사의 대표인 에릭 아장이 민주주의라는 '장소'에 대한 조사를 요청하고, 여덟 명의 사상가가 이 요청에 나름의 '조서'調書를 제출한 결과물이다. 어떤 이들은 민주주의가 과두제나 생명정치적 통치를 감추는 이름으로 쓰이고 있음을 지적했고, 또 어떤 이들은 민주주의를 정치와 동일시하거나, 계속되어야 할 혁명 또는 코뮤니즘의 이념으로 보기도 했다.

하지만 우리는 책의 제목을 『민주주의는 죽었는가?』로 바꿨다.

한쪽에서는 민주주의가 죽었다는 얘기가 들린다. 거대 자본의 정치 개입과 미디어 장악, 국가 '이성'을 대체해버린 신자유주의적 '합리성,' 민의를 대표하기는커녕 사적인 이익 추구에 매진하는 정치권 등. 다른 한쪽에서는 길거리로 쏟아져 나온 항의꾼들이 국민을 볼모로 잡은 채 자신들의 소수의견을 관철시키려고 다수를 억압함으로써 민주주의를 죽음으로 몰아넣는다는 얘기도 들린다.

양측은 민주주의라는 단어를 저마다 다르게 이해하지만, 민주주의가 죽거나 죽을 위기에 처했다고 강변한다는 점에서는 모두 일치한다. 이에 우리는 민주주의의 죽음이라는 부고 소식에 '조서'弔書 한 장을 띄우려 한다. 과연 "민주주의는 죽었는가?"라고.

우리는 독자들이 이 책을 읽음으로써 죽었다고 선언된 민주주의가 사실 무엇인지, 민주주의란 무엇이어야 하는지, 민주주의는 어떤 주체를 만들고 있으며 또 어떤 주체를 기다리는지 등의 물음과 대면하기를 바란다. 요컨대 우리는 이 책이 '보고서'가 아니라 '발제문'으로 간주되기를 바란다.

✡ 구소련의 몰락 이후 가장 많이 들을 수 있었던 접두사는 '탈-'이다. 탈이데올로기, 탈정치, 탈냉전 등. 하지만 오늘날의 시대가 스스로를 탈이데올로기적이라고 선포한다는 바로 그 이유 때문에 "이데올로기는 그 어느 때보다도 훨씬 더 투쟁의 장이다"(슬라보예 지젝). 이와 마찬가지로 오늘날 민생과 경제 부양이라는 슬로건으로 번역되는 탈정치라는 수사는 '정치'가 그 어느 때보다 문제가 되는 상황을 은폐하고 있다. 하지만 그 어느 지배자도 대놓고 '탈민주화'를 표방하지는 않는다. 문제는 바로 여기서 비롯된다. 자본가, 귀족, 종교계, 군벌 등을 막론하고 지배세력이 스스로를 '민주주의자'라고 부르거나, 자신들의 정체政體를 '민주정'이라고 내세운 것은 채 한 세기도 되지 않는다. 하지만 상황이 바뀌어 "오늘날 우리는 모두 민주주의자이다"(웬디 브라운). 즉, 오늘날 스스로를 민주주의자와 다른 것으로 부르는 것은 더 이상 가능하지 않으며, 그만큼 민주주의는 아

무 뜻도 없는 말이 됐다(장-뤽 낭시). 하지만 민주주의가 아무 뜻도 없는 말이 됐다고 해서 손 놓고 저들에게 그 단어를 넘겨줄 것인가? "정치적 투쟁은 단어들을 전유하기 위한 투쟁"(자크 랑시에르)이다. 어쩌면 민주주의의 무의미, 탈민주주의, 심지어 민주주의에 대한 증오가 공통되게 가리키고 있는 민주주의의 부고 선고야말로 민주주의를 처음부터 다시 사유하기 위한 절호의 기회가 아닐까?
"민주주의라는 말은 누구나, 그리고 모두가 자신의 꿈과 희망을 싣는 텅 빈 기표이다"(브라운). 자유민주주의, 인민민주주의, 참여민주주의, 공화민주주의, 사회주의적 민주주의 등, 민주주의에 어떤 수식어를 붙이느냐에 따라 각 정체는 서로 구분된다. 하지만 이 모든 정체는 대중들의 운동과 투쟁인 '민주화'를 '형식적' 민주주의 또는 민주적 '절차'에 묶어두면서 사실상 대의제를 표방한다. 심지어 소수의 우두머리에게 '갈채'와 '합의'를 보내고, 언론이 이 공적 의견을 조직한다는 점에 있어서는 이른바 민주주의와 전체주의가 구별되지 않는다(조르조 아감벤). 어쩌면 아리스토텔레스가 『정치학』에서 민주주의와 과두제의 결합인 '혼합정체'를 이상적인 것으로 본 이래, 민주주의를 표방한 대부분의 정체는 사실상 '혼합정체'였다 해도 과언이 아니다. 민주주의를 정당을 통한 대의체계나 대표자를 선출하는 선거제에 묶어 놓으려는 시도는 민주주의와 과두제를 혼동하고 있을 뿐만 아니라, 민주주의를 지금의 것과 다른 것으로 만들 수 있는 인민의 역량에 족쇄를 달고 있는 것이다. 투표가 민주적일 수 있는 경우는, 지배자들이 투표에 부칠 사안이 아니라고 선언한 주제, 전문가들만이 결정할 수 있다고 하는 주제를 인민이 의제화할 때뿐이다. 유럽헌법에 관한 국민투표가 그러했고, 쇠고기 문제에 대한 국민투표 요구나 국민소환제 발의 등이 그러하다.

수식어를 달지 않은 민주주의란 무엇인가? 이 책의 몇몇 저자들은 공통되게 '민주주의'의 본뜻인 '인민^{dēmos}의 통치^{kratos}'를 환기하면서 자신의 논의를 시작한다. 민주주의는 과두정, 귀족정, 참주정 등과 같이 아르케^{archē}(원리나 근본)를 갖는 정체와는 구별된다. 민주주의가 애초부터 인민의 힘이나 강제력을 가리킬 뿐 정체의 구성원리에 대해서는 아무것도 알려주는 것이 없다는 점은 민주주의의 모호함을 유발시키지만, 민주주의를 처음부터 시작해야 할 것으로 만들어주기도 한다. 권력은 도처에 있으나 정치는 시작되어야 하는 것이기 때문이다(낭시). 이에 더해, 우리가 대면해야 하는 문제는 그간 '아르케'에 바탕을 두던 심급들이 스스로 아르케를 버리고 '크라토스'를 자처하는 상황이다. 노사 문제나 정치투쟁을 판결하는 최종심급으로 떠오르고 있는 법원의 힘, 이념도 원칙도 없는 임기응변 속에서 지배를 공고히 하고 있는 행정부의 힘 등. 우리는 토대를 자진 삭제하고 있는 권력과 어떻게 맞서 싸울 것인가?

이 책의 저자들은 한결같이 민주주의(인민의 자기지배)가 함축하는 '인민주권' 또는 '인민권력'의 아포리아를 지적한다. 다니엘 벤사이드가 코르넬리우스 카스토리아디스를 따라 다시금 제기하고 있는 '혁명의 문제,' 즉 "사회는 무슨 수로 자기-제도화할 수 있으며, 제도화된 것의 자동보존에서 벗어날 수 있는가?"라는 문제가 바로 그것이다. 단순히 국가로부터 등을 돌리고 투쟁을 연기하는 메시아주의에 빠지지 않기, 그렇다고 국가권력 장악에 몰두한 뒤 결국 이전의 지배세력과 다름없는 꼴로 전락하지도 않기. 이는 곧 어떻게 제정된 권력으로 환원되지 않는 제정하는 권력을 유지할 것인가라는 오랜 질문을 이어가는 것이며, 또한 어떻게 정치공간의 논리 자체를 바꿀 것인가의 문제와 대면하는 것이다. 이 점에서 민주주의는 끊임없는 재발명을 요구한다.

마지막으로, '민주주의=인민의 자기통치'라는 어원분석에서 출발한 이론적 논의는 과연 "인민은 자기통치를 원하는가? 민주주의적 자유를 원하는가? (근대) 민주주의는 '인민이 주인'民主도 '인민이 근본'民本도 아닌 '인민의 생'民生에 바탕을 둔 것이 아닌가? 인민은 어느 때에 봉기했고, 봉기하며, 봉기할 것인가?"라는 질문과 대면하지 않는 한 탁상공론에 머물 수밖에 없다. 그리고 이 질문들은 무엇보다 그 어느 곳도 아닌 바로 이 땅에서, 우리 독자들 스스로 하지 않으면 누구도 답해주지 않을 그런 것이다.

이 책을 발제문처럼 읽도록 당부한 이상, 긴 서두로 독자의 사유를 한시도 지체하게 만들어서는 안 되겠다.

한참 책을 번역하고 있을 때, 이 책의 한 꼭지를 맡았던 벤사이드의 부고 소식을 들었다. 읽고, 쓰고, 토론하고, 그리고 무엇보다 싸우기를 멈추지 않았던 한 명의 선배에게 조의를 표한다.

기획위원
김상운·양창렬

프랑스어판 편집자 서문

1920년대에 『초현실주의 혁명』이라는 잡지는 여러 호에 걸쳐 사랑, 자살, 악마와의 계약 같은 주제를 조사해 내놓았다. 이런 주제들의 공통점은 그에 대해 뭔가 더 이상 새로운 것을 말할 수 없을 듯 보였다는 것이다. 하지만 앙토냉 아르토, 르네 크르벨, 피에르 나빌, 막스 에른스트, 루이 브뉘엘의 대답은 서로 교차하며 이 테마들을 새롭게 조명해줬는데, 이는 거의 한 세기가 지난 지금도 여전히 우리를 놀라게 한다. 이 책은 이 모델을 머릿속에 떠올리면서 시작됐다. 그리고 다음과 같은 질문을 만들어봤다.

오늘날 '민주주의'라는 단어는 아주 광범위한 합의를 이뤄낸 듯합니다. 물론 우리는 이 단어의 의미, 또는 의미들에 관해 때론 격렬하게 논의합니다. 그러나 우리가 살고 있는 이 '세계'에서는 흔히 민주주의에 긍정적인 가치를 부여하는 것이 당연시되고 있습니다. 그래서 우리는 이런 질문을 던져봅니다. 당신에게는 자신이 '민주주의자'라고 자처할 만한 이유가 있습니까? 그렇지 않다면 왜 그런가요? 그렇다면, 민주주의라는 단어를 어떻게 해석하면서 그런가요?

우리가 질문을 던진 철학자들 중 어떤 이는 라파브리크출판사에서 책을 냈던 지은이거나 친구이다. 또 어떤 이는 우리가 그 작업을 통해서만 알고 있었던, 그것도 통상적인 민주주의 담론에 부합하지 않는 생각을 가지고 있다고 여겨졌던 그/녀이다. 그들의 대답은 각양각색이고, 때로는 모순되기까지 했다. 그러나 이것은 우리가 예상했을 뿐만 아니라 바랐던 일이기까지 하다. 이 책에서 독자들은 민주주의의 정의도 사용법도 찾을 수 없을 것이며, 민주주의에 찬성하거나 반대하는 판결은 더욱더 찾아볼 수 없을 것이다. 그로부터 그저 분명해지는 것은 민주주의라는 단어가 버려야 할 대상이 아니라는 사실이다. 왜냐하면 민주주의는 정치에 관한 가장 핵심적인 논쟁들의 지지대가 되는 축 노릇을 지금도 하고 있기 때문이다.

에릭 아장

1 민주주의라는 개념에 관한 권두노트
Note liminaire sur le concept de démocratie

조르조 아감벤
(베네치아건축대학교 철학·미학 교수)

오늘날 '민주주의'라는 용어에 관한 모든 이야기는 이 용어를 사용하는 사람들을 오해에 빠뜨릴 수밖에 없도록 예비된 모호함 탓에 왜곡되고 있다. 우리는 민주주의를 말할 때 무엇을 말하는 걸까? 정확히 그 용어는 어떤 합리성에 속하는가? 조금만 주의 깊게 살펴보면 오늘날 민주주의에 대해 토론하는 사람들이 그 용어를 정체政體의 구성형태로도, 통치기술로도 이해한다는 사실을 알 수 있다. 따라서 민주주의는 공법의 개념적 성격을 지시하는 동시에 행정체계의 개념적 성격을 지시하기도 한다. 또한 권력을 정당화하는 형태를 가리키기도 하고 권력행사의 양상을 가리키기도 한다. 모두에게 명약관화하듯이, 현대의 정치담론에서 민주주의라는 용어는 통치기술과 더 자주 연관된다. 그렇다고 그것 자체에 특별히 안심하게 만드는 것이 있지는 않다. 그 용어를 성의껏 쭉 첫 번째 의미로 쓰고 있는 자들의 불만도 이해가 된다.

    (한편으로 법-정치적이고, 다른 한편으로 경제-경영적인) 이 두 개념적 성격이 뿌리 깊숙이 얽혀 있으며, 그것을 푸는 것이 만만치 않다는 사실은 다음의 예에서 명확히 드러난다. 그리스 정치사상의 고전들에서 폴리테이아^{politeia}라는 단어가 나올 때(흔히 폴리테이아의 여러 형태, 즉 군주정, 귀족정, 민주정, 그리고 그것들의 이탈^{parekbaseis}을 논하는 맥락에서 쓰일 때) 번역자들은 그 단어를 '정체'로 옮기기도 하고, '정부'로 옮기기도 한다. 가령 『아테네의 정체』(27장)에서 아리스토텔레스가 페리클레스의 '선동정치'^{démagogie}를 두고 "데모티코테란 쉬네베 게네스타이 텐 폴리테이안"$^{dēmotikōteran\ synebē\ genesthai\ tēn\ politeian}$이라고 묘사하는 구절이 나오는데, 어느 영역자는 이 구

절을 "그 정체는 훨씬 더 민주적이 되어갔다"the constitution became still more democratic라고 옮긴다. 조금 뒤에 가서 아리스토텔레스는 다중이 "아파산 텐 폴리테이안 말론 아게인 에이스 하우투스"apasan tēn politeian mallon agein eis hautous라고 덧붙이는데, 앞서 말한 영역자는 이 구절을 "더 많은 모든 정부를 그들의 손아귀에 쥐게 됐다"brought all the government more into their hands라고 옮긴다(물론 일관성을 유지하려고 '모든 정부'를 '모든 정체'라고 옮겼어도 문제가 됐을 것이다).[1]

이처럼 완전하게 '모호한 어법'은 어디에서 비롯될까? 때로는 정체로, 때로는 정부로 묘사되는 정치의 이 기본 개념이 지닌 중의성은 어디에서 비롯되는 것일까? 일단 이 자리에서는 서구 정치사상사에서 이 중의성이 특히 두드러지는 두 구절을 지적하는 것으로 충분할 것 같다. 첫 번째 구절은 『정치학』(1279a25 이하)이다. 거기서 아리스토텔레스는 여러 형태의 정체를 열거하고 연구하겠노라고 말한다. "폴리테이아와 폴리테우마politeuma는 사실상 같은 뜻이다. 폴리테우마는 국가cité의 최고 권력kyrion인데, 최고 권력은 필연적으로 한 사람, 소수자 또는 다수자에 의해 대표된다." 흔히 볼 수 있는 번역은 위 구절을 이렇게 옮긴다. "정체와 정부는 사실상 같은 뜻이다. 정부는 국가État의 최고 권력이다." 충실한 번역이라면 ('정치활동'으로서의) 폴리테이아와 (그 활동의 결과인 '정치의 산물/사물'로서의) 폴리테우마라는 두 용어의 근접성을 보존했겠지만, 아리스토텔레스 자신이 '최고 권력'이라고 부르는 형상을 가지고 모호한 어법을 축소하려고 시도한다는 것 자체가 위 구절의 핵심 문제임은 분명하다. 근대의 용어법을 써서 말해보자. 근대의 특질을 어느 정도 강제하지 않을 수 없지만 말이다. 여기에서 구성권력(폴리테이아)과 구성된 권력(폴리테우마)은 주권권력(최고 권력)의 형태 속에서 서로 묶인다. 주권권력은 정치의 두 면을 함께 지니는 것으로 나타난다. 그러나 정치적인 것은 왜 둘로 나뉘며, 최고 권력은 무엇을 통해 이 분열을 봉합하면서도 절합하는가?

두 번째 구절은 장-자크 루소의 『사회계약론』에 나온다. 1977~78년의 콜레주드프랑스 강의인 『안전, 영토, 인구』에서 미셸 푸코는 루소가 법-헌정적인 용어('계약,' '일반의지,' '주권')와 '통치술'을 화해시키는 문제를 정확히 제기하고 있음을 보여준 바 있다. 그렇지만 우리가 관심을 기울이는 관점에서 보면, 주권과 통치의 구분과 절합이 루소 정치사상의 토대에 있으며, 바로 그것이야말로 관건이다. 루소는 「정치경제」라는 글에서 이렇게 적고 있다. "내가 말해야 하는, 그리고 내가 통치라고 부르는 공공경제와 내가 주권이라고 부르는 최고 권위를 독자들이 잘 구별해주길 바란다. 하나는 입법권을 갖는 것이고 …… 다른 하나는 행정권만을 갖는다는 점에서 둘은 구별된다."[2] 『사회계약론』에서 그 구별은 일반의지와 입법부를 한쪽으로 하고, 통치와 행정부를 다른 한쪽으로 하는 둘 사이의 절합으로 다시 한 번 긍정된다. 그렇지만 정확히 말해서 루소에게 관건은 이 두 요소를 구별하는 동시에 함께 묶는 데 있다(그래서 루소는 구별을 말할 때에도 그것이 주권자의 분할이라는 사실을 강력히 부인해야 했다). 아리스토텔레스에게서와 마찬가지로, 주권kyrion은 구별의 용어들 중 하나[즉, 정부/통치]인 동시에 정체/구성과 정부/통치를 풀 수 없는 매듭으로 묶는다.

1. 민주주의라는 개념에 관한 권두노트 23

오늘날 인민주권은 모든 의미를 차츰 상실해버렸으며, 행정과 경제가 그것을 압도적으로 지배하고 있음을 우리는 본다. 그렇다면 이는 아마도 서구 민주주의가 아무런 조건 없이 수용했던 철학적 유산의 대가를 치르고 있기 때문일 것이다. 통치를 단순한 행정(부)으로 파악하는 오해는 서구 정치사에 초래된 결론들 가운데 가장 심각한 오류 중 하나일 것이다. 그렇게 된 까닭은 근대성에 대한 정치적 성찰이 법, 일반의지, 인민주권 같은 텅 빈 추상 개념 뒤에서 방황할 뿐 정작 모든 점에서 볼 때 결정적인 문제에 대해서는 묵묵부답이었기 때문이다. 그 결정적인 문제란 바로 통치, 그리고 통치와 주권자의 절합이라는 문제이다. 나는 최근의 저서에서 정치의 중심에 있는 신비는 주권, 신, 왕, 법 등이 아니라 통치, 천사, 장관, 경찰임을 보이려 했다. 보다 정확히 말하면 그것들이 형성하고, 움직이면서 유지하는 이중의 통치기계를 보여주려 했다.[3]

서구 정치체계는 이질적인 두 요소의 묶임에서 기인한다. 서로를 정당화해주며, 서로에게 일관성을 부여하는 그 두 요소는 정치적-법적 합리성과 경제적-통치적 합리성, '구성형태'와 '통치형태'이다. 왜 폴리테이아는 이런 중의성에 사로잡힌 것일까? 주권자 kyrion에게 그것들의 정당한 결합을 확보하고 보장하는 권력을 주는 것은 도대체 무엇일까? 기계의 중심은 텅 비어 있으며, 두 요소 그리고 두 합리성 사이에는 가능한 어떤 절합도 없다는 사실을 은폐하는 허구가 관건이 아닐까? 그 두 요소를 탈구시킴으로써 통치할 수 없는 것을 출현하게 만드는 것이 중요하다. 그렇다면 모든 정치의 원천이자 도주 지점은 누가 될까?

사유가 이 매듭, 그리고 그것의 모호한 어법과 씨름할 각오를 하지 않는 이상, (구성형태이든 통치기술이든) 민주주의에 대한 모든 토론은 탁상공론이 될 위험이 있다.

2 민주주의라는 상징
L'emblème démocratique

알랭 바디우
(파리고등사범학교 철학 명예교수)

모든 것이 날이 갈수록 권위를 잃고 있는데도 '민주주의'라는 단어는 현대 정치사회를 지배하는 상징emblème으로 남아 있다. 상징이란 무릇 상징체계système symbolique에서 건드릴 수 없는 것을 가리킨다. 당신은 정치사회에 대해 멋대로 말할 수 있고, 전례 없이 혹독한 '비판'을 할 수도 있으며, '경제적 참화'를 비난할 수도 있다. 민주주의의 이름으로 그렇게 하는 이상(가령 "민주적인 체하는 이 사회가 어찌 이것 또는 저것을 할 수 있단 말인가?") 당신은 용서받을 것이다. 왜냐하면 결국 민주주의라는 상징의 이름으로, 민주주의 자체의 이름으로 당신은 이 사회를 심판하려 했기 때문이다. 당신은 이 사회에서 벗어나지 않았으며, 그곳의 시민으로 남아 있다. 이 사회가 말하듯이 당신은 야만인이 아니다. 당신은 이 사회에서 민주주의적으로 고정된 자기 자리에서, 무엇보다 틀림없이 다음 선거에서 표를 찍고 있는 모습으로 발견될 것이다.

나는 이렇게 주장하고 싶다. 우리 사회의 실재를 건드리려면, 미리 연습하듯이, 그저 우리 사회의 상징을 박탈하기만 하면 된다. '민주주의'라는 단어를 제쳐두고 민주주의자가 되지 않음으로써 '모든 이'에게 정말 나쁘게 보일 위험을 감수해야겠지만, 그렇게 해야 우리는 우리가 살고 있는 세계에 관한 진리를 만들 수 있을 것이다. 왜냐하면 우리 사회에서 '모든 이'는 민주주의라는 상징에서 출발해 그렇게 자칭하기 때문이다. 그러므로 '모든 이'는 민주주의자이다. 이것을 상징의 공리라고 부를 수 있을 것이다.

그러나 우리에게 중요한 것은 세계이지 '모든 이'가 아니다. 말이야 바른 말이지, 보이는 대로 존재하는 세계는 모든 이의 세계가 아니다. 사실 민주주의자들, 상징의 사람들, 서구인들은 최고의 지위를 꿰차고 있다. 다른 사람들은 타자로서, 엄밀히 말해 세계가 아닌 다른 세계에 속한다. 다른 세계는 기껏해야 생존의 세계, 전쟁, 비참, 장벽, 그리고 공상을 위한 지대일 뿐이다. 이런 종류의 '세계,' 지대에서 사람들은 참화에서 벗어나거나 떠나기 위해 짐을 싸며 시간을 보낸다. 그런데 어디로? 물론 민주주의자들의 나라로 떠난다. 민주주의자들은 세계를 좌지우지하며 자신들을 위해 일할 사람을 필요로 한다. 우리의 경험에 따르면, 상징 아래에서 배부르고 등 따시게 지내고 있는 민주주의자들은 솔직히 당신들을 원하지도 않고 좋아하지도 않는다. 사실상 정치적인 족내혼이 있다. 민주주의자는 민주주의자만 좋아한다. 굶주리거나 죽음의 위협을 받는 지대에서 온 타자들에게 사람들은 신분증, 국경, 유치수용소, 경찰감시, 가족재결합 거부 등을 말한다. …… '통합'되어야 한단다. 무엇에? 물론 민주주의에. 받아들여지기 위해서, 어쩌면 먼 훗날 받아들여지기 위해서는, 진짜 세계로 갈 수 있다고 상상하기에 앞서 장기간 힘들게 노력하며 제 나라에서 민주주의자가 되는 훈련을 했어야 한다. 산탄이 쏟아지고 인도주의적인 공수부대가 상륙하는 와중에 기아와 전염병에 허덕이면서도 통합을 위한 길라잡이, 민주주의자가 되기 위한 소책자를 가지고 공부하라! 무시무시한 시험이 당신을 기다리고 있으니! 가짜 세계에서 '진짜' 세계로 가는 통로는 막다른 골목에 있다. 민주주의, 좋다. 하지만 그것은 민주주의자들에게만 예비된 것이 아닌가? 세계의 세계화, 물론이다. 그렇지만 그것의 외부가 내부에 있어도 될 만하다는 것을 증명하는 한에서만 그렇지 않은가?

요컨대 민주주의자들의 '세계'가 '모든 이'의 세계가 전혀 아니라는 사실로부터 이미 민주주의는 보수적인 과두정을 집결시킨다는 사실이 따라 나온다. 민주주의는 소수의 사람만이 누리며, 살고 있다고 믿는 성벽들의 성벽지기이자 상징이다. 보수적인 과두정의 모든 책무(그것은 흔히 전쟁이다)는 부당하게 취한 '세계'라는 이름 아래에 동물적 삶의 영토일 뿐인 것을 유지하는 데 있다.

상징을 내려놓고 어떤 영토(민주주의자들이 분주히 움직이며 재생산되는 영토)가 문제시되고 있는지를 과학적으로 검토했을 때 우리는 중요한 물음에 이를 수 있다. 한 영토가 자신은 민주주의라는 상징 아래에 있는 세계라고 기만적으로 내보일 수 있으려면 어떤 조건을 따라야 하는가? 아니면 이렇게 묻는 것도 가능하다. 민주주의는 어떤 객관적 공간, 어떤 집단에 자리 잡은 민주주의인가?

우리는 철학에서 민주주의라는 상징을 역사상 처음으로 박탈한 사례, 특히 플라톤의 『국가』 8권의 언급을 다시 읽을 수 있다. 플라톤은 '민주주의'를 지도적인 조직형태, 어떤 유형의 정체라고 부른다. 한참 뒤에 블라디미르 일리치 레닌도 그렇게 말한 바 있다. 민주주의는 하나의 국가형태에 지나지 않는다고 말이다. 그러나 플라톤과 레닌 모두가 보기에, 우리는 이 형태의 객관성이 아니라 그것이 주체에게 미치는 영향을 생각해야 한다. 우리의 사유는 권리에서 상징으로, 민주주의에서 민주주의자로 넘어가야 한다. 민주주의라는 상징이 사람들에게 끼치는 해로운 힘은 그것이 만들어내는 주체의 유형에 집중된다. 그런 유형의 핵심적인 성격은 한마디로 말해 이기주의, 하찮은 향락을 추구하는 욕망이다.

말이 났으니 하는 말인데, 문화대혁명 당시 가장 강경했던 린뱌오는 가짜 공산주의(러시아에서 우세해져버린 공산주의)의 본질은 이기주의이며, 반동적 '민주주의자'를 지배하는 것은 죽음에 대한 공포일 뿐이라고 말했다. 이 점에서 린뱌오는 플라톤주의자였다.

물론 플라톤의 접근법에는 충분히 반동적인 부분이 있다. 사실 플라톤은 민주주의가 그리스 도시국가를 구하지 못할 것이라고 확신했다. 실제로 민주주의는 도시국가를 구하지 못했다. 민주주의가 우리의 저 유명한 서구 사회도 구하지 못할 것이라고 말할 수 있을까? 그렇다. 우리는 그렇게 말할 것이다. 우리가 오래된 딜레마(다시 발명해야 하는 길을 거치는 공산주의인가, 아니면 그 자체로 재발명된 파시즘의 야만인가)에 다시 빠지게 될 가능성이 있을지도 모르지만 말이다. 그리스인들은 마케도니아인들, 나중에는 로마인들을 겪어내야 했다. 어쨌든 예속이 있었을 뿐, 해방은 없었다.

오랜 귀족인 플라톤은 어떤 형상(철학교육을 받은 군인-귀족)에 관심을 쏟는다. 플라톤은 그런 형상이 존재했다고 가정하지만, 사실은 자신이 발명한 것이다. [민주주의에 대한] 플라톤의 귀족적 반응은 하나의 정치적 신화를 제시한다. 우리는 과거에 대한 향수를 가장한 이런 반응의 문제가 오늘날 어떻게 변주되는지를 알고 있다. 그중에서 가장 인상적인 것은 우리나라의 프티부르주아 지식인 사이에 널리 퍼진 공화주의 숭배이다. 이 숭배 속에서 '우리의 공화적 가치'에 대한 원용은 대성공을 거두고 있다. 이 원용은 어떤 '공화국'을 자양분으로 삼는가? 파리코뮌 가담자들을 학살하면서 세워진 공화국? 식민지를 정복하면서 단련된 공화국? 파업을 박살낸 조르주 클

레망소의 공화국? 제1차 세계대전의 살육을 기가 막히게 조직한 공화국? 앙리 페탱에게 전권을 부여한 공화국? 모든 덕을 갖춘 이 '공화국'은 민주주의라는 상징을 지켜야 한다는 대의의 필요 때문에 발명됐다. 우리는 이 상징이 위험할 만큼 빛이 바랬다는 것을 알고 있다. 플라톤과 그의 수호자-철학자들이 이미 좀먹은 귀족정의 깃발을 다시 드높여야 한다고 생각할 만큼 말이다. 이것이 바로 모든 향수는 존재하지 않았던 것에 대한 향수임을 보여주는 증거이다.

하지만 민주주의에 대한 플라톤의 비판은 그저 반동적일 뿐이거나 귀족적인 것과는 아주 거리가 멀다. 플라톤의 주장은 국가 차원에서 민주주의가 정식화하고 있는 현실의 본질, 그리고 그렇게 정식화된 세계에서 구성되는 주체(그 자신이 '민주주의적 인간'이라고 부른 주체)를 동시에 겨냥한다.

플라톤이 제출한 두 가지 테제는 아래와 같다.

1) 사실상 민주주의적 세계는 하나의 세계가 아니다.
2) 민주주의적 주체는 자신이 누리는 향락의 견지에서만 구성된다.

내 생각에 이 두 테제는 충분한 근거가 있다. 나는 여기서 이 두 테제를 약간 발전시켜볼 것이다.

민주주의는 어떤 점에서 향락의 주체만을 허용하는가? 플라톤은 민주주의의 가짜 세계에서 만들어지는 향락에 대한 두 가지 관계형태를 묘사한다. 우리가 젊을 때 맺게 되는 첫 번째 관계형태는 디오니소스적인 격정이다. 우리가 늙었을 때 맺게 되는 두 번째 관계형태는 향락에 대한 비구분이다. 사실상 지배적인 사회생활이 민주주의적 주체에게 제공하는 교육은 모든 것이 이용가능하다는 환영으로 시작한다. 68세대의 아나키스트가 "구속 받지 말고 즐겨라"라고 말했듯이, '방리유'의 가짜 반란자가 "옷, 나이키 신발, 그리고 대마초"를 외치듯이 말이다. 민주주의적 삶 자체는 모든 가치가 똑같다는 황혼녘의 의식으로 마무리된다. 그 의식에 따르면, 가능한 모든 가치의 표준인 돈, 그리고 돈에 대한 소유권을 보호하는 기제인 경찰, 법원, 감옥이 아니면 아무것도 쓸모가 없다. 자유로워지기를 상상하는 헤픈 탐욕에서 예산을 따지고 안전을 추구하는 구두쇠로. 바로 이것이 시간의 흐름이다.

그러나 이것이 세계의 문제와 무슨 관련이 있는가? 플라톤에게든 나에게든, 모든 세계는 세계를 구축하는 차이들을 통해서만 이해된다. 요컨대 세계는 독특한 방식으로 이해되는 것이다. 첫째, 진리와 의견의 차이를 통해서. 둘째, 서로 유형이 다른 두 진리들(가령 사랑과 정치 또는 예술과 과학)의 차이를 통해서. 만물의 등가성을 공준으로 삼자마자 우리는 무제한의 표면·바탕·외양을 갖게 되지만, 이로부터는 그 어떤 세계도 출현할 수 없다. "즐겁고 무정부 상태이고 다채로울 뿐만 아니라, 평등한 사람들에게도 평등하지 않은 사람들에게도 똑같이 일종의 평등을 배분해주는"(『국가』 8권 558c) 통치형태가 민주주의라고 주장할 때, 플라톤이 생각했던 것이 바로 그것이다. 젊은이는 민주주의에서 즐거움을 찾는다. 즐거움은 충족된 욕망 또는 권리상 충족될 수 있는 욕망의 민주주의이다. 불평등한 자와 평등한 자 사이에 세워진 평등은 우리 눈에는 화폐원리와 다를 바 없다. 그것은 실제적 차이나 이질성 자체(그것의 본보기는 진리절차와 의견의 자유 사이의 간극이다)에 대한 모든 접근을 차단하는 일반적인 등가성일 뿐이다. 수적인 양에 굴복한 이 추상적 평등은 세계의 정합성을 방해하며, 플라톤이 '무정부 상태'라고 부르는 것의 지배를 강제한다. 이 무정부 상태는 무가치한 것에 기계적으로 부여된 가치와 다름없다. 보편적 대체가능성의 세계는 고유한 논리를 갖지 않은 세계이며, 그래서 세계가 아니다. 그것은 그저 외양의 '무정부 상태'의 체제일 뿐이다.

이 무정부 상태에서 교육 받은 민주주의적 인간을 정의해주는 것은 바로 그 인간이 만물의 대체가능성이라는 원리를 주체화한다는 사실이다. 그러니 욕망, 이 욕망이 매달리는 대상, 이 대상으로부터 끌어내는 찰나의 향락이 공개적으로 순환하고 있는 셈이다. 이 순환 속에서 주체가 구성된다. 앞서 봤듯이, 어느 정도 나이가 차면 민주주의적 인간은 ('근대화'의) 순환의 우위라는 이름으로 대상들에 대한 어떤 비결정성을 받아들이게 된다. 그런 인간의 눈엔 순환의 상징인 돈밖에 안 보인다. 그러나 향락의 무한한 잠재력에 매달리는 타고난 정념만이 그 순환에 활력을 불어넣을 수 있다. 따라서 설령 순환의 지혜가 노인들(그들은 모든 것의 본질이 화폐에서처럼 모든 것의 차이를 무화시키는 성질임을 깨달은 자들이다)에게 있다 하더라도 그 순환의 실존에 활력을 불어넣고, 그것을 멈추지 않고 영속시키기 위해서는 젊은이가 특별한 행위자가 되어야 한다. 민주주의적 인간은 구두쇠 노인과 탐욕스런 청년을 접붙인다. 젊은이는 기계를 돌리고 노인은 이윤을 금고에 쟁여넣는다.

플라톤은 결국 민주주의라는 가짜 세계가 청춘의 폭주를 경계하면서도 청춘을 숭배할 수밖에 없음을 꿰뚫어본다. 민주주의적인 것에서 어떤 것은 본래 젊은 것이지만, 또 어떤 것은 모두를 아이처럼 만드는 과정에 속하는 것이다. 플라톤이 적었듯이 그런 가짜-세계에서 "노인들은 불쾌하고 권위적이라 여겨지는 일이 없도록 하기 위해서 젊은이들에 대해 채신없이 군다"(『국가』 8권 563a~b). 자신의 견유적 회의주의의 배당금을 타기 위해서 늙은 민주주의자는 투지 넘치는 젊은이 흉내를 내야만 하고, 매일같이 더 많은 '근대성,' '변화,' '속도,' '유동성'을 요구해야 한다. 기력이 딸리고 쭈글쭈글해졌어도 노구를 비틀며 마이크에 대고 고래고래 계속 고함칠 수 있는, 나이 먹고도 지칠 줄 모르는 백만장자 록 가수가 그의 본보기이다.

영원한 청춘을 상징으로 삼는 집단적 삶은 무엇이 될까? 나이의 의미는 언제 사라졌을까? 두 가지 가능성이 있을 것 같다. 진정한 화폐순환의 (자본주의적인……) 수준이 부재하는 경우 이 형상은 테러리스트가 된다. 왜냐하면 그 형상은 젊은이들의 거침없음과 무의식을 별 제한 없이 높게 사기 때문이다. 우리는 이 불쌍한 '젊은 세대 취향'의 혁명적 판본이 낳은 끔찍한 결과를 문화대혁명의 홍위병이나 크메르 루즈를 통해 본 적이 있다. 거기서 이데올로기를 탈색시킨 판본이 무장한 청년 패거리들이다. 그들은 아프리카 지방 곳곳에 전쟁의 씨를 뿌려대는 외세나 전쟁 영주에게 이용당한다. 이것이 바로 사물들의 화폐순환과 접속이 끊기는 대신 풍부하게 제공되는 살인무기들의 유통에만 접속되어버린 청년 민주주의의 지옥 같은 한계이다. 우리나라에서는 어떤가? 우리나라에서는 청춘의 우위가 오락을 사회적 법이라도 되는 양 강제한다. "즐겨라"는 모두를 위한 격언이다. 그다지 즐길 수 없는 사람들도 거기에 붙들린다. 거기서 현대 민주주의 사회의 뿌리 깊은 머저리 짓이 생겨난다.

어쨌든 플라톤 덕분에 우리는 우리 사회를 세 가지 동기의 뒤얽힘으로 생각해볼 수 있다. 세계의 부재, 순환에 굴복한 주체성으로서의 민주주의라는 상징, 그리고 모두가 젊은이처럼 즐기라는 정언명령. 플라톤의 테제는 이 조합을 펼치는 사회가 반드시 총체적인 파탄의 위험에 노출된다는 것이다. 왜냐하면 그런 사회는 시간의 규율을 조직할 수 없기 때문이다.

욕망을 채운 민주주의자들의 실존적 무정부 상태에 대한 플라톤의 유명한 묘사는 [플라톤의 대화자인] 소크라테스가 조금 뒤에 "그리도 잘나고 활기찬 통치방식"(『국가』 8권 563e)이라고 부르게 되는 것에 대한 일종의 아이러니한 찬사처럼 소개된다.

민주주의적 인간은 순수한 현재만을 산다. 스쳐가는 욕망은 법이 된다. 오늘은 기름진 진미를 술에 곁들여 먹고, 내일은 부처를 위해 금식하고 청정수를 마시며 지속가능한 발전을 추구한다. 월요일엔 고정식 자전거 위에서 여러 시간 페달을 밟으며 다시 몸을 만들고, 화요일엔 온종일 자다가 일어나서는 담배 피우며 진수성찬을 먹어댄다. 수요일엔 철학책을 읽겠다고 선언하고는 결국 아무것도 하지 않는 것이 낫겠다며 책장을 덮는다. 목요일엔 점심을 먹으며 정치를 논하다가 흥분해서는 상대의 의견에 격분해 가슴을 벌렁거리고, 격앙된 채 소비사회와 스펙터클의 사회를 비난한다. 저녁이 되면 영화관에 가서 중세의 전투장면이 나오는 허접한 블록버스터를 본다. 집에 돌아와서 잠자리에 들 땐 예속된 인민들의 무장해방에 가담하는 꿈을 꾼다. 그 다음날엔 과음한 탓에 목이 칼칼해져 일터에 나가서는 옆 사무실 비서에게 수작을 걸며 삽질을 해댄다. 맹세하건데 그는 사업에 뛰어들 것이다! 그에게 부동산 수익이 떨어질 것이다! 그런데 주말엔 또 위기이다. 다음 주가 되면 이 모든 것을 보게 되리라. 어쨌든 이런 게 삶이다! 질서도 없고 생각도 없다. 하지만 우리는 그것을 즐겁고, 행복하며, 무엇보다 의미 없지만 그만큼 자유롭다고 말할 수 있다. 무의미에 대한 대가로 자유를 지불하라, 그건 별로 비싼 게 아니다.[1]

---

1) 이 구절은 『국가』 8권(561d)에 나온다. 본문에서 제시한 것은 『국가』를 매우 과장되게 번역한 판본이다. 나는 지금 그 번역판을 준비 중인데 2010년 말 출간할 예정이다. 이 작업의 목표는 플라톤이 중요한 현대인임을 보이는 데 있다. 위 구절은 내가 준비하고 있는 판본에서 "네 가지 전-코뮌주의적 정치들에 대한 비판"이라는 제목의 제7장에서 뽑아낸 것이다. 나는 당연히 10권으로 된 『국가』의 틀을 해체해야 했다. 『국가』를 10권으로 나눈 것도 후대에 알렉산드리아의 문법학자(또는 문법학자들)가 별 타당성도 없이 마구 잘라낸 것이었다. [바디우가 다시 번역한 해당 구절의 원문은 다음과 같다. "그러니까 그는 또한 날마다 마주치게 되는 욕구에 영합하면서 살아가는데, 어떤 때는 술에 취해 아울로스의 소리를 듣는가 하면, 다시 물만 마시며 살을 빼다간, 어떤 땐 다시 신체단련을 하네. 그런가 하면 게으름을 피우며 만사에 무관심해지는 때가 있기도 하고, 때로는 철학에 몰두하기도 하네. 또한 자주 정사(政事)에 관여하기도 하는데, 벌떡 일어나서는 생각나는 대로 말하고 행하기도 하네. 그리고 전쟁에 숙달한 사람들이 부러우면 그쪽으로 이동하고, 돈버는 사람들이 부러우면 이번에는 이쪽으로 이동하네. 그의 삶에는 아무런 질서도 필연성도 없으나, 그는 이 삶을 즐겁고 자유로우며 축복받은 것이라 부르면서 평생토록 이 삶을 살아가네." 플라톤, 박종현 옮김, 『국가/정체』, 서광사, 1997, 545쪽.]

플라톤의 테제는 이 날 저 날 뒤집히는 실존방식(그 본질은 시간의 무규율성이다)과 그에 적합한 국가형태(대의민주주의)가 가시적인 방식으로 그 전제주의적 본질을 발생시킨다는 것이다. 즉, "그리도 잘나고 활기차다"고 제시된 것의 실체가 죽음충동을 조직하는 전제주의의 군림이라는 것이다. 그래서 플라톤이 보기에 민주주의적 즐거움은 참주의 악몽으로 마무리된다. 플라톤은 우리가 세계의 문제와 시간의 문제를 고찰하는 순간 민주주의/니힐리즘의 접속이 있다고 주장한다. 민주주의적인 비-세계는 시간이 새나가는 것이다. 소비로서의 시간은 탕진으로서의 시간이기도 하다.

따라서 현대 세계의 상징은 민주주의이며, 청춘은 이 상징의 상징이다. 청춘은 잡아두지 못한 시간을 상징화하기 때문이다. 청춘에는 분명히 어떤 내실 있는 실존이 없다. 그것은 도상적 구축물, 민주주의의 산물이다. 하지만 그런 구축은 신체를 요청한다. 그리고 이 신체는 세 가지 특질을 둘러싸고 구축된다. (오락으로만 살아가는) 즉각성, 유행(대체가능한 현재들의 계기적 연속), 제자리 운동("우리는 움직인다").

그렇다면 민주주의자가 되지 않는 것은 늙거나 다시 늙는다는 말인가? 전혀 그렇지 않다. 내가 말했듯이 노인들은 경비를 서고 돈을 금고에 쟁여넣는다. 우리는 이렇게 말해야 한다. 만일 민주주의가 죽음충동을 조직하는 화폐의 추상이라면, 그것의 반대는 결코 전제주의나 '전체주의'일 수 없다. 그것의 반대는 집단적 실존을 이런 조직화의 지배에서 빼내는 것이다. 부정적으로 말하면, 순환의 질서는 더 이상 화폐유통의 질서여서는 안 되고, 축적의 질서는 더 이상 자본의 질서여서는 안 된다는 것이다. 그러므로 우리는 사물의 생성을 결단코 사적 소유에 맡기지 않을 것이다. 긍정적으로 말하면 인민의 생성을 주체적으로 제어하고, 사유-실천하는 것을 뜻하는 정치는 과학이나 예술처럼 그 자체의 것이 될 수 있는 비시간적 규범을 따라 그 자체의 가치를 지닐 것이다. 우리는 정치를 권력과 국가에 넘기지 않을 것이다. 정치란 결집된 능동적인 인민 속에서 국가와 법의 고사枯死를 조직하는 것이고, 또 조직하는 것이리라.

플라톤은 이 두 가지 동기를 명확히 봤다. 비록 자신이 속한 시대의 한계 속에서 플라톤은 그 동기들을 나라의 '수호자들'의 삶에 한정하고, 나머지 모두에게는 생산자라는 고정된 자리를 할당했지만 말이다. 수호자들은 아무것도 소유하지 않는다. 그들에게는 '공통적인 것'과 공유만이 지배한다. 그들의 권력은 이데아의 권력일 뿐이다. 왜냐하면 나라에는 법이 없기 때문이다.

플라톤이 지식을 갖춘 귀족에게만 한정했던 이 격언들을 우리는 모든 인간 존재의 실존으로까지 일반화할 것이다. 혹은 이렇게 말할 수도 있다. 앙투안 비테즈[1]는 연극과 예술의 소임이 "모두를 엘리트"로 만드는 데 있다고 말했다. 비테즈가 말한 것처럼 우리는 괜찮다면 "모두를 귀족이 되게 하기"에 대해 말할 수 있을 것이다. 모두의 귀족 되기는 공산주의에 대한 최고의 정의이다. 알다시피 19세기 노동자 혁명가들에게 플라톤은 공산주의의 제일가는 철학적 형상이었다.

만일 어떤 교리의 반대가 그것을 희화화해 뒤집는 것이 아니라, 그 교리의 모든 기제를 헛되게 만드는 창조적 긍정이라면, 우리는 다음의 말을 이해할 수 있다. 끝나지 않는 황혼의 순간에, 자본-의회주의가 그것에 부여한 뜻에서 고려된 민주주의의 반대는 전체주의도 독재도 아니다. 그 반대는 공산주의이다. 공산주의는 헤겔식으로 말하면 제한된 민주주의의 형식주의를 흡수하고 지양한다.

'민주주의'라는 단어의 모든 권위를 중지시키면서 플라톤의 비판을 이해할 수 있게 해주는 연습을 하고난 뒤에야 우리는 결국 그 단어를 본래 의미대로 복원할 수 있다. 민주주의란 인민들이 스스로에 대해 권력을 갖는 것으로 간주된 실존이다. 민주주의란 국가를 고사시키는 열린 과정, 인민에 내재적인 정치이다. 따라서 우리는 진정한 민주주의자로 남을 수 있는 기회, 인민의 역사적 삶과 동질적인 사람들로 남을 수 있는 기회를 가질 수 있다. 오늘 천천히 발명되고 있는 형태들 속에서 공산주의자가 되는 한에서 말이다.

3 영원한 스캔들
Le scandale permanent

다니엘 벤사이드
(파리8대학교-뱅센느·생드니 철학 교수)

1. 그림자극

전후 장기 호황의 종언, 어마어마한 굴라크에 대한 폭로, 캄보디아의 내분, 이란혁명, 신자유주의적 반동의 시작……. 1970년대 중반경 세계의 모습은 돌변하기 시작했다. 냉전의 주인공인 자본주의와 공산주의, 제국주의와 민족해방운동의 대립은 민주주의와 전체주의가 치르는 세기의 대결을 떠들썩하게 공고하는 새로운 포스터 앞에서 사라져갔다. 왕정복고 치하에서처럼, 순진하게도 민주주의는 끝나지 않은 테르미도르의 반동이라는 결말에 허울뿐인 정당성을 부여해주는 것 같았다. 그렇지만 예나 지금이나 승리한 자유주의자들은 민주주의적 형식주의의 매끄러운 표면 아래에서 인민주권의 유령이 꿈틀댈까봐 내심 미심쩍어 한다. 알렉시스 드 토크빌은 이렇게 털어놓기도 했다. "나는 머리로는 민주주의 제도를 좋아하지만, 본능적으로는 귀족주의자이다. 다시 말해서 나는 군중을 업신여기며 두려워한다. 나는 자유, 권리 준수를 진심으로 좋아하지만 민주주의는 좋아하지 않는다."[1] 이처럼 대중을 두려워하고 질서에 대한 열정을 갖는 것이야말로 자유주의 이데올로기의 바탕이라고 하겠다. 이 이데올로기에 따르면, 민주주의라는 용어는 결국 상품 전제주의, 그리고 시장의 왜곡되지 않은 경쟁에 붙은 가짜 코[위장]에 불과하다.

민주주의Démocratie와 전체주의Totalitarisme라는 두 개의 추상적인 관념은 각각의 대문자 뒤에서 작동하고 있는 모순을 억압하는 대가

---

1) Alexis de Tocqueville, *Œuvres complètes*, III-2, Paris: Gallimard, 1985, p.87. [이 구절은 1841년경 토크빌이 적은 메모이다. 이 메모에는 "나의 본능, 나의 견해"(Mon instinct, mes opinions)라는 제목이 적혀 있었다고 한다.]

로, 저무는 세기의 그림자극과 싸우는 것 같았다.[2] 한나 아렌트는 더욱더 조심스럽게 [민주주의와 전체주의의] 그 유사성이 어떠하든, 차이가 중요하다고 강조했다. 레온 트로츠키는 아돌프 히틀러와 요시프 스탈린을 '쌍둥이별'로 규정하며, 사회를 국가화하는 것은 "사회가 곧 짐이다"라는 표어로 대변되는 관료적 형태의 전체주의라고 봤다.[3] 그러나 트로츠키는 [민주주의와 전체주의 사이의] 사회적·역사적 차이를 결코 몰랐던 것이 아니다. 바로 그와 같은 차이가 없다면 구체적인 정치도 더 이상 없다.

역사에서 흔하게 볼 수 있는 아이러니 중 하나이겠지만, 민주주의는 자신의 불길한 분신을 물리친 듯 보였다. 공적 자유와 사기업이 동일한 것이라고 인정하게 만들 수 있었던 조건들이 점차 무너지기 시작했던 바로 그 순간에 말이다. '영광의 30년'[1] 동안 의회민주주의와 '사회적 시장경제'가 맺은 질서-자유주의적 혼인은 무제한적인 번영과 진보의 미래를 약속하는 동시에, 1848년 이후로 끊임없이 세상에 출몰했던 유령의 회귀를 쫓아내는 듯 보였다. 그렇지만 1973~74년의 석유위기 이후, 전후의 장기 호황이 꺾이면서 어떤 이들이 포드주의적(또는 케인즈[주의]적) 타협과 사회적 국가(또는 '복지')라고 불렀던 것의 토대들이 무너졌다.

관료적 전제주의와 실제로는 존재하지도 않았던 사회주의가 붕괴함에 따라, 민주주의라는 부유하는 기표는 승리한 서구, 승리자 미

---

2) Enzo Traverso, *Le Totalitarisme: Le XXᵉ siècle en débat*, Paris: Seuil, 2001.
3) Léon Trotski, *Staline*, Paris: Grasset, 1948.

국, 자유시장, 왜곡되지 않은 경쟁의 동의어가 됐다. 바로 그때 연대와 사회적 권리를 정식으로 공격하고 세계를 사유화하기 위한 유례없는 공세가 취해진 가운데, 공적 공간은 줄어드는 가죽처럼 축소됐다. 아렌트는 갈등적 다원성으로 정의되는 정치가 사물과 존재에 대한 비속한 경영을 위해 세계에서 자취를 감출 것이라며 두려워한 적이 있는데, 바로 그 두려움이 확증된 것이다.

2. 선한 목자들의 회귀

토크빌에게서 볼 수 있듯이, 민주주의의 승리가 드높여 공표된 뒤 억눌려졌던 민주주의에 대한 증오가 다시 드러나는 데는 오랜 시간이 걸리지 않았다. 사실 자유무역과 자본의 자유로운 유통만이 민주주의는 아니었다. 민주주의는 소란스러운 평등주의 원리의 표현이기도 했다. 우리는 다수의 무절제, 과잉, 원기왕성함을 염려하는 소규모 서클(알랭 핑켈크로트, 장-클로드 밀네르 등과 같은 사람들이 거기에 들어간다)이 제출한 엘리트주의적 담론을 재차 듣게 됐다.

    같은 땅에서 났으면 기꺼이 받아야 하는 시민으로서의 평등에 맞서 신의 선택이라는 고귀함과 계보상의 위계를 선전하는 소리가 재차 들렸다. '민주주의의 범죄적 경향'과 무질서에 반대되는 사목통치의 균형 잡힌 지혜를 찬양하는 소리가 재차 들렸다. 학교, 가족, 도덕의 질서를 지지하는 온갖 사람들이 더 이상 민주주의의 이름으로가 아니라, 실증주의적 공화국과 질서 속에서의 진보라는 이름으로 궐기하는 모습이 보였다. 그 지지자들은 "명명할 수 없는 민주주의가 좋은 통치의 말은 안 듣고 나쁜 통치에 적응해버린 사회형태가 아니라 정치의 원리 자체, 즉 토대의 부재 위에 좋은 통치를 놓음으로써 정치를 세우는 원리가 될 것이라는 예감을 떨쳐내기"4) 위해 부랴부랴 모여들었다.

'민주공화주의자들'이 모인 성스러운 연합이 작성한 놀라운 선언문이 1998년 9월 4일자 『르몽드』에 「공화주의자여, 더 이상 두려워하지 말자!」[2]라는 불안해하는 제목으로 실렸다. 세상에나, 누구를, 무엇을 두려워하지 말자는 것인가? 법(어떤 법?)적용을 방해한다고 고발당한, "잔뜩 성나서는 자기 주장을 내세우는 성향이 지나치게 강한" '조합적 행위'와 '사회집단'을 두려워하지 말자는 것인가? 사회의 유령에 대한 두려움을 떨쳐내고자 한 몸으로 뭉친 이 민주공화주의자들은 '조상에 대한 존경'을 호소한다. 그들은 '조상, 능력, 명령의 권위'를 불러들였다. 그들은 '가치가 떨어진 가족,' '아버지'와 '중위' 같은 수호적 형상을 아쉬워했다. 민주주의를 향한 그들의 증오는 모든 권력의 의심스러운 정당성 앞에서 자신들이 느끼는 현기증을 드러냈으며, 새로운 권리가 항상 이미 정립된 권리에 대항력이 있다는 사실에도 불안을 드러냈다.

3. 상품민주주의에 대한 불만

덕을 중시하는 공화주의자들 다음에는 시장민주주의의 챔피언들이 걱정할 차례이다. 피에르 로장발롱은 민주주의에 대한 불만을 진단한다. 그 불만은 '선거기능에 대한 탈신성화,' '행정권력의 중심성 상

---

4) Jacques Rancière, *La Haine de la Démocratie*, Paris: La Fabrique, 2005, p.44.

실,' '공무원 형상의 가치절하'를 통해 드러난다. 민주주의의 승리는 결국 민주주의의 상실에 대한 서막일 뿐이었다는 것이다. "민주주의적 이상의 실증적 발전형태와 그것이 탈선하는 조건 사이의 경계가 이처럼 첨예했던 적이 없다."[5] 반정치적인 것과 탈정치화의 '위협적인 이탈'은 "민주주의에 포함된 고유하게 정치적인 차원이 긍정될 때에만"[3] 쫓아낼 수 있다.

"사회적인 것은 차츰 시련, 정책연합, 상황, 역사가 맺는 대응관계의 공동체로 구성된다"[4]고 인정하면서, 로장발롱은 연민과 희생이 점점 중요해진다고 역설한다. 위 열거사항 중 사회계급은 어휘에서 사실상 사라져버렸다. 사회계급의 사라짐은 되돌릴 수 없는 사회학적 숙명일 뿐, 사회적인 것에 대한 정치공작(경쟁적 개인주의에 대한 이데올로기적이고 입법적인 장려)의 결과는 아닌 양 말이다. 그래서 로장발롱이 제기한 용어들에서는 특성 없는 인간들을 위한 특성 없는 민주주의라는 풀지 못할 수수께끼가 따라 나온다. 계급 없는 정

---

5) Pierre Rosanvallon, *La Légitimité démocratique*, Paris: Seuil, 2008, p.317. 엠마누엘 토드에게 사르코지는 진짜 문제가 아니라 단지 "민주주의가 일반적으로 동요하고 있음"을 보여주는 징후일 뿐이다. 그 동요는 "영토에 닻을 내린 강력하고 안정된 집단적 신앙과 종교적 기원이 소멸"한 결과이다(Emmanuel Todd, *Après la démocratie*, Paris: Gallimard, 2008, p.21). 클로드 르포르는 민주주의를 위한 텅 빈 장소가 있다고 주장했던 반면, 토드가 보기에 민주주의는 뿌리나 전통 없이 존속할 수 없다. 따라서 민족적이거나 문화적 정체성을 띤 신화를 활성화시킬 위험을 무릅쓰고라도 다시 닻을 내려야 할 때인 것이다. 국경 없이 금융자본의 순환이 이뤄지고 조세회피지가 널려 있는 세계에서, 토드 씨, 당신은 민주주의가 어디에 뿌리박기를 바라는가? 기원과 뿌리에 대한 이런 추구가 피와 죽음에 대한 숭배로 변질되지 않으려면 무엇을 할 것인가?

치가 정치 없는 정치가 되지 않으려면 무엇을 해야 하는가? 자신을 향해 웅크린 현재의 기대 지평이 붕괴함에 따라 전략적 이성으로서의 정치 역시 무로 돌아가는 데, 이는 그저 도구적이고 경영적인 이성을 위해서 그런 것이다. 그러니 로장발롱이 선출직을 줄이고, 임명직을 확대하고, '독립적인 권위'를 늘려 정당성을 잃어가는 투표를 뒷받침할 버팀대를 찾고 있는 것도 놀랍지 않은 일이다.

4. '진정한 민주주의'의 유령

'민주주의적'이라는 기표는 불확정적이기에 다양하게, 심지어 흔히 정반대로 정의되기 십상이다. 레이몽 아롱은 민주주의적이라는 것에 대해 최소의 실용적인 정의를 제시했다. 민주주의란 "권력행사를 추구하는 평화적 경쟁의 조직"으로서 "정치적 자유"를 전제하는 바, 이 자유가 없으면 "경쟁이 왜곡된다."[6] 여기에는 의회민주주의와 자유시장의 게임에 공통된 "왜곡되지 않은 경쟁"이라는 관념이 등장한다. [2005년] 부결된 유럽헌법안에 나와 유명해진 진술보다 앞서 말이다. 클로드 르포르는 한술 더 뜬다. "민주주의가 자본주의와 연결된 동시에 그것과 구별된다는 것을"[5] 누가 부정하겠냐면서 말이다. 물론 아무도 이의를 제기하지는 않을 것 같다. 그러나 모든 문제는 어떤 점에서 민주주의가 자본주의와 역사적으로 연결되며(영토에 바탕을 둔 시민권의 도래, 권력과 법의 세속화, 천부신

---

6) Raymond Aron, *Introduction à la philosophie politique: Démocrite et Révolution*, Paris: Livre de Poche, 1997, p.36.

권에서 인민주권으로의 이행, 신민에서 인민으로의 이행 등), 어떤 점에서 민주주의가 자본주의와 구별되어 그것을 비판하고 지양하는가를 정하는 데 있다.

1843년부터 칼 맑스는 이 물음의 해결에 매달렸다. G. W. F. 헤겔의 법, 국가철학을 흔히 잘못 이해해 비판하면서 말이다. 맑스가 크로이츠나흐 시절에 쓴 수고手稿에는 "정치적인 것에 대한 사유와 민주주의에 대한 사유는 강하게 연결되어 있다"[7]는 구절이 나온다. 토크빌은 민주주의와 국가를 결합함으로써('민주주의적 국가') 민주주의를 혁명에서 더 잘 떼어놓으려 한 반면, 청년 맑스는 "진정한 민주주의에서는 정치국가가 사라질 것"[6]이라고 주장한다. 국가의 폐지 또는 고사枯死라는 주제는 이렇듯 철 이르게 출현한다. [맑스가] '진정한 민주주의'에서는 정치국가가 사라질 것이라고 주장한다고 해도 이는 정치적인 것이 사회적인 것으로 용해된다는 뜻도, 정치적 순간이 보편자를 담지하는 형태로 전환된다는 뜻도 아니다. "민주주의에서는 어떤 순간도 그것에 부합하는 것 말고 다른 의미를 얻지 않는다. 저마다 실제로 총체적인 데모스의 순간밖에 없다."[7] 그리고 정치는 매개들을 사용하는 전략적 기술로 드러난다.

맑스가 청년기에 가졌던 이 직관들은 지배와 복종 사이의 갈등적 관계라는 단순해진 시각을 위해서 곧바로 포기되는 엉뚱한 생각이 아니다. 맑스는 '진정한 민주주의'를 완전히 잊어본 적이 없다. 미겔 아방수르가 주장하듯이, 진정한 민주주의는 '잠재적으로 감춰진 차

---

7) Miguel Abensour, *La Démocratie contre l'État*, Paris: PUF, 1997.

원'처럼 청년기 저작과 파리코뮌에 대한 텍스트, 또는 「고타강령 비판」 같은 텍스트를 잇는 실마리로서 지속한다.

5. 정치의 희박성, 민주주의의 간헐성?

민주주의의 요구가 지닌 모순과 양가성은 자유주의적 세계화의 시험대에서 명약관화해졌다. 민주주의적 환영에 대한 비판, (칼 슈미트의 것과 같은) 의회의 무능에 대한 비판은 순풍 탄 듯 잘 나가고 있으며, 그 비판들이 어제의 승자인 인도주의적 도덕주의에 복수하고 있다는 것도 놀랄 일은 아니다.[8] 이런 급진적 비판들은 공통점이 많으며, 때로는 구별되지 않는 듯이 보일 때도 있다. 그렇지만 그 비판들은 구분되는 방향에서, 심지어 반대되는 방향에서 출발한다.

'수의 독재'와 다수결의 원리에 맞서는 플라톤의 비판을 통해 알랭 바디우는 정치를 "복수의 의견들 간에 전개되는 진리 없는 대결"[8]에 맞세운다. 자크 랑시에르의 경우에는 영구하게 확장되는 운동으로서의 민주주의가, 정치학에서 파악하는 제도나 체제로서의 민주주의에 맞선다. 두 사람 모두 정치가 사건적 예외의 영역에 속하지 역사나 치안에 속하지 않으므로 드물고 간헐적이라는 데 생각을 같이 하는 듯 보인다. 랑시에르가 적고 있듯이 정치는 "[수가] 적고 …… 항상 국지적이며 우연적이다."[9] 그리고 두 사람 모두 선거가 인민을 통계의 형태로 환원하는 것이라며 비판한다. 모든 것이 양화되거나 측정가능하도록 만들어져야 하고, 수가 유일하게 법의

---

8) Carl Schmitt, *Parlementarisme et démocratie*, Paris: Seuil, 1988.

힘을 가지고 있으며, 다수가 진리에 값하는 것으로 간주되는 등 온갖 가치평가가 난무하는 시대에, 이런 종류의 비판은 필요하다. 그렇지만 그것으로 충분할까?

6. 철인왕

"당신들에게 해야 할 말이 있다. 나는 보통선거를 그 자체로는 전혀 존중하지 않는다. 존중 여부는 선거가 무엇을 하느냐에 달려 있다. 보통선거는 그것이 산출하는 것과는 무관하게 존중해야 할 유일한 것이라고들 한다. 왜 그래야 하는가?"[9] 수와 선거의 법칙에 맞서는 이 도전은 수적 다수가 꼭 진리나 정의의 증거는 아니라는 사실을 올바르게 환기시켜준다. 하지만 이 도전은 사회적 규약, 법적 형식주의(그것이 없다면 법은 영원히 힘으로 환원되어버린다), 각자의 자의적 판단에 따르는 다원주의 등에 대해 함구한다.

민주주의에 대한 바디우의 급진적 비판은 민주주의가 자본주의 및 상품등가성과 순전히 동일하다고 보는 데 기초한다. 상품등가성에 따르면 모든 것은 값어치가 같고 등가적이다. "만일 민주주의가 대의라면, 그것은 먼저 그것의 형식을 담지하는 일반 체계의 대의인 것이다. 달리 말하면 선거민주주의는 그것이 먼저 자본주의, 오늘날 '시장경제'라고도 불리는 자본주의의 합의적 대의인 한에서 대의적일 뿐이다. 그것이 바로 민주주의 원리의 부패이다. 맑스가 그런 민

---

[9] Alain Badiou, *De quoi Sarkozy est-il le nom?*, Paris: Nouvelles éditions Lignes, 2007, p.42.

주주의에 맞설 수 있는 것이 이행기적 독재밖에 없다고 봤다는 사실은 결코 사소한 것이 아니다. 그리고 맑스는 그것을 프롤레타리아 독재라고 불렀다. 그 단어는 강력했다. 하지만 그것은 대의와 부패 사이의 변증법적 궤변을 명확히 해준다."10) 그러나 맑스에게 독재는 민주주의와 이율배반의 관계에 있지 않으며, 레닌에게도 '민주주의적 독재'는 모순어법이 아니었다.

바디우에게 있어서 역사적 시퀀스들의 연쇄는 조서調書의 대상이 된다. 가령 최초의 사건에 대한 충실성의 지지를 받는 각 시퀀스의 전개와 결말은 행위자들의 정향이나 결정과는 무관한 것이었다. "민주주의의 적은 일당 전제(전체주의라고 불리는 악)였다. 이 전제가 공산주의 이념의 첫 시퀀스를 끝장냈던 한에서 말이다. 유일한 진짜 물음은 공산주의 이념의 두 번째 시퀀스를 열어젖히는 것이다. 두 번째 시퀀스에서는 공산주의 이념이 이해관계의 게임보다 중시될 것이다. 관료적 테러리즘과는 다른 수단을 통해서 말이다. 요컨대 그것은 프롤레타리아트의 '독재'라고 불렸던 것을 새롭게 정의하고 실천하는 것이다." 과거의 시퀀스들에 대한 비판적, 역사적, 사회적 성찰이 부재하기에 이 비결정된 새로움은 헛바퀴만을 돈다. 그 새로움은 우리를 그저 도래할 실험으로 보낼 뿐이다. 그렇다고 해도 "어느 것도 규율 없이는 이뤄질 수 없다." 하지만 "군대규율 모델은 지양되어야 한다."11) 지금 인용한 바로 그 논문에서, 바디우는 공산

---

10) Badiou, *De quoi Sarkozy est-il le nom?*, p.122.
11) Alain Badiou, "Mai 68 puissance 4," *À Bâbord*, avril 2008.

주의의 세 번째 단계를 끌어들인다. 그 단계는 "사회주의적 분열의 종언, 제 주장만 하는 이기주의의 거부, 정체성을 옹호하는 모티브에 대한 비판, 군대 같지 않은 규율의 제안을 중심으로 한다." 군대 같지 않은 규율이 무엇에 기초할 수 있단 말인가? 신비롭다. 공통의 기획을 위해 민주적으로 합의된 동의가 없다면 그것은 종교적 신앙이나 철학적 지식, 그리고 그런 신앙과 지식이 내뱉는 진리의 말이 지닌 권위에 기댈 수밖에 없다.

민주주의라는 테마를 안에서부터 파괴하기 위해 그 테마의 실질적 모순 한가운데에서 입장을 취하는 맑스와 달리, 바디우는 그런 모순을 그저 멀리할 뿐이다. "이 점이 핵심이다. 처음부터 공산주의 가설은 현대 의회주의로 이르게 될 민주주의 가설과 전혀 다르다. 공산주의 가설은 다른 역사, 다른 사건을 포섭한다. 공산주의 가설에 의해 명확해진, 중요하고 창조적으로 보이는 것은 부르주아 민주주의의 사료편찬에 의해 선별된 것과는 본성이 다르다. 바로 그렇기 때문에 맑스는 …… 여하한 민주주의적 정치주의로부터 거리를 둔 채 파리코뮌이라는 학교에서, 아무리 우리가 바라는 것만큼이나 민주주의적이라 하더라도, 부르주아 국가는 파괴되어야 한다고 주장한 것이다."[12] 좋다, 하지만 부르주아 국가가 파괴된 이후에는? 텅 빈 서판, 백지, 사건적 순수성 속에서 완전히 새로 시작하기? 이는 마치 혁명이 사건과 역사, 행위와 과정, 연속과 불연속을 함께 엮지 못하는 것 같다. 마치 우리가 중간에서 항상 다시 시작할 수는 없다

---

12) Badiou, *De quoi Sarkozy est-il le nom?*, p.134.

는 것 같다. 바디우에게 스탈린주의, 그리고 그것과 혼동해서는 안 되는 마오쩌둥주의는 풀리지 않은 채 남아 있는 물음이다. 사르코지를 비판하는 팸플릿에서 바디우는 이렇게 쓰고 있다. "스탈린 시절에 노동자·인민 정치조직은 대단히 잘 돌아갔고, 자본주의가 덜 오만했음은 말할 필요도 있다. 비교도 안 된다."[10] 물론 이 정식은 도발의 성격을 띤다. 설령 당과 노동조합이 '스탈린 시절에' 훨씬 더 강성했다는 점에 이론의 여지가 없더라도, 이처럼 간단한 조서를 가지고는 그것이 스탈린 덕분에 가능했는지, 또는 스탈린에도 불구하고 그랬는지 말할 수도 없고, 특히 스탈린의 정치가 해방운동에 끼쳤고 여전히 끼치고 있는 피해가 무엇인지도 말할 수 없다. 『리베라시옹』에 게재된 인터뷰에서 바디우는 좀 더 신중하게 말한다. "제가 스탈린에게 경의를 표하는 이유는 딱 하나입니다. 스탈린은 자본주의자들을 공포에 떨게 만들었죠."[11] 하지만 이것도 여전히 지나친 경의의 표시이다. 자본주의자들을 공포에 떨게 만든 것이 스탈린인가, 아니면 다른 것인가? 오히려 1930년대에 벌어진 대규모 노동자 투쟁, 아스투리아스와 카탈루냐 지방의 노동자 민병대, 인민전선에서 조직한 시위들 아닌가? 요컨대 대중에 대한 공포 말이다. 여러 정황상 스탈린 혼자 자본주의자들을 공포에 떨게 만든 것은 아니었다. 1937년 5월 바르셀로나 시가전, 독일-소련 불가침 조약, 얄타 회담에서의 대규모 영토 분할, 그리스 저항군에 대한 무장해제에 이르기까지 스탈린은 오히려 자본주의자들의 하수인이었다.[13]

---

13) Luciano Canfora, *La Démocratie, histoire d'une idéologie*, Paris: Seuil, 2007.

바디우는 스탈린주의 비판을 방법의 문제로 축소해버린다. "농업이나 산업을 군사적 방법으로 지도할 수는 없습니다. 집단공동체 사회를 국가폭력으로 안정시킬 수도 없죠. 우리가 비판해야 하는 것은 그들이 직접 당으로 조직되기로 선택했다는 것입니다. 우리는 그것을 당-형태라고 부를 수 있습니다."[12] 바디우는 결국 [소련에 대한] 환영에서 깨어난 유로코뮤니스트들의 표면적 비판에 합류해버린다. 유로코뮤니스트들은 역사적인 전대미문의 사건과 대결하기를 회피하면서 세기의 비극이 당원의 형태나 조직방법에서 비롯된 것으로 만들어버렸다. 그렇다면 '당-형태'만 비판하면 그만일까? 수백만 명의 사망자와 유형자를 낳고 끝이 난 관료주의적 반혁명만큼이나 중요했던 사건이 마치 작동 중인 사회적 힘들, 세계시장과 그 힘의 관계들, 사회적 노동분업의 차원에서 발생한 효과, 이행기 경제형태, 정치제도에 대해 전혀 다른 거리에서 물음을 던지지 못했던 것으로 치부하면서 말이다. 만일 당이 문제가 아니었다면, 해결의 요소는?

7. 환원불가능한 '민주주의적 과잉'

완전히 틀릴 위험을 무릅쓰고, 무지하고/거나 게으른 저널리스트들은 세골렌 루아얄이라는 소스를 친 협소한 '참여민주주의'를 '민주주의적 과잉'에 대한 랑시에르의 애정과 혼동해버렸다.[13] '정의로운 질서'와 정반대로, 랑시에르에게 민주주의는 하나의 국가형태가 아니다. 민주주의는 "우선 정치의 역설적 조건이다. 그 지점에서 모든 정당성이 궁극적인 정당성의 부재와 마주치고, 불평등주의적 우연성 자체를 떠받치고 있는 평등주의적 우연성과 마주친다." 민주주의는 "과두적 통치로부터 공적 삶에 대한 독점을 끊임없이 뽑아내고, 부로부터 삶을 둘러싼 모든 역량을 빼앗는 행위이다."14) 그것은 "통치형태도 사회적 삶의 방식도 아니며, 정치적 주체들이 존재하기 위해 거치는 주체화 양식이다. …… [그것은] 정치에 대한 사유를 권력에 대한 사유에서 분리해내는 것을 전제한다." 그것은 "정치체제가 전혀 아니라 …… 정치의 설립 자체이다."15)

스리지에서 열린 콜로키엄에서 발표자들은 랑시에르에게 조직과 당에 관한 전략적 물음들에 대한 실천적 답변이 부재하다고 비판했다. 랑시에르는 그들에게 자신은 "정치적 집단들의 조직화형태 문제에 대해 어떤 관심도 가진 적이 없다"고 대답했다. 랑시에르에게 더 중요한 것은 모든 사변적 극좌주의와 거리를 두면서 먼저 "정치를 어떤 효과의 생산"으로, "능력에 대한 긍정"과 "가시적인 것, 사유 가능한 것, 가능한 것의 영토를 재편성하는 것으로 사유하는 것"16)이다. 훗날 어느 인터뷰에서 랑시에르는 자신의 입장을 미묘하게 바꾼다. "폭발적인 무대/장면에 배타적인 가치를 부여하기 위해서 조직원리를 폄하하는 것이 중요한 것은 아닙니다. 제 이야기는 조직 대 자발성을 맞세우는 모든 논쟁이나 대립 바깥에 위치합니다." 무

---

14) Rancière, *La Haine de la démocratie*, pp.103~105.
15) 자크 랑시에르, 양창렬 옮김, 『정치적인 것의 가장자리에서』, 길, 2008, 17, 241쪽.
16) Jacques Rancière, "La méthode de l'égalité," *La philosophie déplacée: Autour de Jacques Rancière*, Colloque de Cerisy, textes réunis par Laurence Cornu et Patrice Vermeren, Bourg-en-Bresse: Horlieu Éditions, 2006, pp.514.

엇보다 랑시에르는 정치가 무엇인지를 다시 사유하려고 하는 것이다. "정치는 엄밀한 의미에서 아나키적인 것입니다." 다시 말해서 최초의 토대 같은 것은 없다.17)

8. 국가 그리고/또는 정치의 고사

1956년의 헝가리혁명과 동유럽의 관료적 전제주의를 경험하면서 자란 아그네스 헬러와 페렌츠 페허는 국가물신주의와 계속 싸웠으며 "국가와 제도를 총체적으로 폐지하겠다는 유토피아적 시각"을 거부했다. 그것은 "불가능한 기획"일 뿐만 아니라 "소외를 줄일 수 있을 대안적 국가와 제도의 모델"을 사유하지 못하게 가로막는다는 것이다. "만일 국가가 사회를 삼킨다면" 민주주의적 자유는 사라질 운명에 처한다. "동질적인 의지를 표현하는 사회를 상상할 수 없다면, 우리는 모두의 의지와 이익에 대한 고려를 보장하는 계약체계를 검토해야 한다. 민주주의의 행사가 취할 수 있는 구체적인 형태를 검토해야 하는 것이다."18)

알다시피 이런 관료적 전체주의 비판은 1980년대경 복화술을 하는 자본의 명령에 '유로코뮤니즘적' 정당들이 무조건 투항하는 것을 이론적으로 뒷받침해줬다. 이에 못지않게 이런 비판은 '국가의 고사'라는 맑스의 성급한 정식에 결부된 모호함이나 위험을 밝혀주

---

17) Jacques Rancière, "Politiques de la mésentente," *Politiquement incorrects: Entretiens pour le XXIe siècle*, éd. Daniel Bensaïd, Paris: Textuel, 2008.
18) Agnès Heller et Fernac Feher, *Marxisme et démocratie*, Paris: Maspero, 1981, pp.127, 237, 301.

기도 했다. 1871년 봄, 6주간 지속된 파리코뮌의 자유를 두고 맑스는 국가권력이 "이제 폐지됐다"고 적었다. 폐지됐다? 너무 과한 표현이다. 이 표현은 피에르-조제프 프루동이나 미하일 바쿠닌에 맞서 논쟁하던 맑스의 모습과 모순되는 듯 보인다. 당시에 맑스는 임금이나 국가가 폐지됐음을 공표할 수 있다는 생각에 반대했다. 오히려 노동시간을 축소하고, 소유관계를 변형시키며, 노동이 조직되는 방식을 근본적으로 바꿈으로써 임금이나 국가를 폐지하는 과정의 가능한 조건들을 모으는 것이 중요했다. 그러므로 (국가의) 소멸이나 고사라는 과정을 표현하는 용어들은 '영구혁명'처럼 행위와 지속의 연결을 강조하는 것으로 읽어야 한다.

모든 기능이 사회적 자주관리나 단순한 '사물의 관리'에 흡수되는 것으로 국가의 고사를 해석해서는 곤란하다. 몇몇 '주요 기능'은 계속 존재할 것임에 틀림없다. 물론 그것은 인민의 통제 아래 있는 공적인 기능으로서 존재할 테지만 말이다. 국가의 고사는 정치가 고사한다거나 그것이 단순히 사회적인 것에 대한 합리적 관리 속으로 소멸해 들어간다는 뜻이 아니다. 국가의 고사는 제도의 관료화를 타파하고, 공적인 것을 항구적으로 심의에 붙임으로써 정치투쟁의 영역을 확장한다는 뜻이기도 하다. 이런 해석은 1891년판 『프랑스 내전』에 프리드리히 엥겔스가 붙인 서문에서도 확증된다. 엥겔스는 이렇게 적고 있다. 프롤레타리아트는 "새롭고 자유로운 사회 여건 속에서 성장한 세대가 모든 국가적 폐물을 처분할 수 있게" 될 때까지 국가가 지닌 최악의 여러 측면을 "베어내지" 않으면 안 된다. 국가의 법령을 통해 국가가 폐지됐음을 추상적으로 공표하는 것이 중요한 것이 아니라 관료적 폐물을 필요로 하지 않는 조건들을 결집시키는 것이 중요하다. 권력을 쟁취하는 것은 첫걸음, 시작, 한 과정의 시초일 뿐이지 그것의 끝이 아니다.

9. 루소의 잘못?

민주주의의 실질적 모순(노베르토 보비오가 옛날에 썼던 것처럼 민주주의의 '역설'이 아니다)은 사회계약의 아포리아에 기입되어 있다. 장-자크 루소의 말처럼 "힘이 법[권리]을 만드는 것이 아니고 …… 인간은 오직 정당한 권력에만 복종할 의무가 있다"고 결정되자마자 정당성의 토대 문제, 그리고 적법성과 정당성 사이의 넘을 수 없는 긴장의 문제가 제기된다. 이쪽이든 저쪽이든 항소할 기회는 늘 열려 있다. 혁명력 2년 헌법에 기입됐던 봉기에 대한 권리는 그런 기회의 법적으로 불가능한 번역이다.

    만일 자유가 "스스로 만든 법을 좇는 것"이라면, 그것은 그 자체의 부정을 내포한다. 즉, 각 연합인 그리고 그 연합인이 공동체 전체에 대해 갖는 모든 권리의 "전적인 양도"를 내포하는 것이다. 왜냐하면 "각자는 자신을 전체에 양도함으로써 결국 아무에게도 양도하지 않기" 때문이다. 각자는 자신의 인격을 "일반의지라는 최고의 감독관 아래에" 둔다. "전체의 불가분한 부분"이 된 각 구성원은 스스로를 공적 인격이나 '정체'政體로 구성하며 수동적일 때는 국가로, 능동적일 때는 주권자로 불린다. 모두에게 유효한 비인격적 법에 자발적으로 수그리는 것이 인격적인 종속과 구체제의 자의적 판단을 대신한다. 그러나 이는 정점에 달한 전체론을 희생한 대가로 이뤄지는 것이며, 소유적 개인주의와 계약의 자유주의적 전제와 곧 모순에 빠진다.

이 모순은 사적 전유의 무제한적 권리와 반대될 수 있는 '공적 소유' 개념에서 다시 발견된다. 만일 국가가 사회계약에 근거해 구성원들이 가진 모든 재산의 주인이라면, 모든 인간은 "누구나 필요한 모든 것에 대한 권리를 자연적으로 갖는"동시에 "자기 자신의 토지에 대한 개개인의 권리는 항상 공동체가 모든 토지에 대해 갖는 권리에 종속된다." 또는 헤겔에게서처럼 '긴급권'[14]은 소유권보다 앞선다. 사회적 조약은 "계약에 의해, 그리고 법으로써 모두가 평등한" 시민들 사이에 도덕적이고 정당한 평등을 세운다. 루소는 민주주의의 문제와 소유의 문제를 엮을 수 있는 이론적 통찰을 지녔던 최초의 사람들 중 하나였다.

연합행위는 공적인 것과 개별자들의 '상호약속'이다. 이것은 모든 계약자가 국가의 일원이자 주권적 구성원으로서 자기 자신과 계약한다는 것을 전제한다. 그럼으로써 자신이 속한 전체에게 약속하는 것이다. 그러나 '정체'의 본성이 함축하는 바에 따르면, 주권자는 자신이 어길 수 있는 법을 스스로에게 부과할 수 없다. "전체 국민에게 의무적으로 부과되는 그 어떤 종류의 기본법도 존재하지 않으며, 또 존재할 수도 없다 …… 사회계약도 마찬가지이다." 즉, 계약은 항상 수정가능하고, 제헌권력은 양도할 수 없다. 따라서 논리상 봉기에 대한 권리는 법의 힘을 갖는다.

이 사실로부터 대의가 불가능하다는 결론이 뒤따라 나온다. 왜냐하면 "주권자는 존재한다는 사실 하나만으로도 항상 그래야만 할 모습으로 존재"하기 때문이다. 만일 주권이 '일반의지의 행사'일 뿐이라면, 그것은 자기 스스로에게 양도될 수 없다. 권력은 스스로에게 위임할 수 있으나 의지는 그럴 수 없다. 주권자는 '현실적으로' 현재 의지할 수 있는 것이지, 내일을 위해서 그럴 수 있는 것이 아니다. "의지가 장래를 위해 스스로를 구속하는 것"은 부조리하기 때문이다. 바로 이것이 '직접민주주의'의 토대이며, 루소에 따르면 주권자는 "자기 자신에 의해서만 대의[대표]될 수 있다."[15] 로장발롱은 오늘날 이것을 거부한다.

10. 일어날 법 하지 않은 기적

확실히 일반의지는 '언제나 공명정대'하다. 그리고 언제나 공적인 실리를 추구한다. 그렇다고 해서 "인민의 의결이 언제나 한결같이 올바르다는 결론이 나오는 것은 아니다. …… 인민은 결코 타락하지는 않지만 기만당하는 일은 종종 있다." 인민 내에 모순은 없다. 하지만 사기, 조작, 기만은 있다. 이것은 현대 음모이론의 시초가 될 법한 판본이다. 거기에는 이데올로기라는 중요한 개념이 없다.[19] 그것의 논리적 결론은 이렇다. 만일 일반의지가 오류를 범할 수 있다면 이는 반드시 '당파'와 '도당,' 인민의 적들이 부리는 간계나 "전체를 해롭게 하는 부분들의 연합체" 때문이다. 일반의지가 엄정하게 발휘되려면 국가에 있는 모든 '부분적 사회'(모든 정당!)를 추방해야 한다. "시민 각자가 오직 자신의 의견에 따라 의사를 개진"할

---

19) Isabelle Garo, *L'Idéologie ou la pensée embarquée*, Paris: La Fabrique, 2009.

수 있도록 말이다. 자유롭고 합리적이라고 가정된 주체에 대한 신뢰를 상징하는 이 정식은 이성들의 총합은 곧 국가이성으로 변형되는 하나의 대문자 이성 속에서 절정에 달한다는 사실에 대한 신뢰로 쉽게 전환된다.

하지만 루소에게 이런 신뢰는 "일반의지는 항상 옳은 것이지만 그것을 이끄는 판단이 늘 현명하지는 않다"라는 생각에 의해 곧바로 완화된다. 루소는 갈등적인 경험의 편에서보다는 학습과 교육의 편에서 이 골치 아픈 조서에 대한 대답을 찾는다. "공중은 이익을 원하지만 그것을 알아보지 못한다." 그럴 때에는 "옳은 길을 제시할" 수 있는 "길잡이가 필요"하다.

일반의지는 민주주의의 막다른 골목에 이른다. 사회생활을 규제하는 더 나은 규칙들을 제정하려면 "인간의 모든 정념을 다 알고 있으되 자신은 그 어느 것도 느끼지 못하는 …… 우월한 지성"이 필요한 법인데, 이것은 수학자 피에르 라플라스가 말한 악마의 법-도덕적 쌍둥이나 마찬가지이다. 접근불가능한 이 총체성의 관점이 입법자를 "어느 점으로 보나 국가에서 비범한 인물"로 만들어줄 것이다. 왜냐하면 법에 명령을 하는 자는 인간들에게 명령을 해서는 안 되기 때문이다. 이 입법자는 "폭력을 쓰지 않고도 다스릴 수 있으며, 논리를 동원하지 않고도 납득시킬 수 있는" 다른 질서의 권위에 기대야 할 것이다. 아렌트가 '헌법의 악순환'이라고 부르게 되는 것으로부터 벗어나기 위해서 루소는 꼼짝 없이 규약의 초월성, 시민종교 등을 원용하기에 이른다. 시민종교는 이상적 인민의 동질성과 실제 인민의 분할 사이에 존재하는 간극을 봉하기 위한 것이었다. 루소는 그것을 계급투쟁의 하나로 정식화할 수는 없다. 그리고 "누구나 신의 계시를 받을 수 있는 것은 아니기" 마련이므로, 루소가 계몽된 전제주의의 조커에 기대고 있음이 드러난다.[16] "입법자의 위대한 영혼이야말로 자신의 사명을 입증해줄 참된 기적이다."[20]

11. 제도를 사유하기

테르미도르의 반동 직전에, 생-쥐스트는 루소의 사유가 멈춘 곳에서 공화주의 제도의 필요성에 관한 질문을 뒤이어 던졌다. "제도는 공화적 자유의 보증이다. 제도는 정부와 시민의 상태를 교화"하며, "정의의 군림을 확고히 한다." 실제로 "제도가 없다면 공화국의 힘은 취약한 인간들의 공로나 불안정한 수단 위에 세워지게 된다."[21] 단두대에서 숙청이 진행된 며칠 동안, 생-쥐스트는 해방투쟁의 모든 위대한 패배자들을 떠올린다. 이 위대한 패배자들의 "불행은 제도가 없는 나라에서 태어났다는 것이다. 헛되이도 그들은 영웅주의의 모든 힘을 떠받쳤다. 승리한 분파들은 수년 동안의 미덕에도 불구하고 단 하루 만에 스스로를 영원한 밤[죽음]으로 내던져버렸다." 생-쥐스트(그리고 훗날의 체 게바라)에게 '영웅주의의 힘'과 모범이 되는 미덕은 제헌권력과 제도화된 민주주의의 비극적 간극을 메우기에는 충분하지 않았다.

---

20) Jean-Jacques Rousseau, *Le Contrat social*, Paris: Aubier, 1943, p.187. [이환 옮김, 『사회계약론』, 서울대학교출판부, 1999, 58쪽.]
21) Saint-Just, "Institutions républicaines," *Œuvres complètes*, Paris: Gallimard, 2004, p.1087.

생-쥐스트는 이 예언적 텍스트에서 이렇게 말했다. 혁명의 '슬픈 진실'을 경험함으로써 "나는 제도를 통해 범죄를 속박해야 한다는 생각을 떠올리게 됐다." "사실상 제도의 목적은 모든 사회적·개인적 보장을 정립함으로써 내분과 폭력을 피하고, 인간의 영향력을 풍습의 영향력으로 대체하는 데 있다."22) 생-쥐스트는 이렇게 주장한다. 자신이 최후를 맞이하는 밤의 침묵 속에 틀어박히기 전에 마지막 메시지를 전달해야 하는 것과 마찬가지로, "제도를 통해서 개인의 영향력을 법이 지닌 힘과 불변하는 정의로 대체해야 한다. 그러면 혁명은 확고해진다." 생-쥐스트도, 체 게바라도, 파트리스 루뭄바도, 그 외 다른 사람들도 이 신비로운 민주주의적 등식을 해결할 시간이 없었다. 그들은 우리에게 그 수수께끼를 남겨줬다.

코르넬리우스 카스토리아디스의 단언처럼, "사회-역사적인 것은 제도화하는 사회와 제도화된 사회, 만들어진 역사와 만들어지고 있는 역사의 결합과 긴장이다."23) 사회는 무슨 수로 자기-제도화하며, 제도화된 것의 자동보존에서 벗어날 수 있을까? 이것이 "문제이다. 혁명의 문제. 이런 문제들은 이론화할 수 있는 것의 경계를 넘어서지 않는다. 하지만 단숨에 다른 지형, 즉 역사의 창조성이라는 지형에 위치한다."24) 여기에 한마디만 덧붙이자. 혁명의 문제는 정치적 실천의 지형 위에 위치한다고. 거기서 투쟁의 불확실성을 향해 열린 세속적 역사 속에서 이 창조성이 발휘되는 것이라고.

---

22) Saint-Just, "Institutions républicaines," p.1091.
23) Cornelius Castoriadis, *L'institution imaginaire de la société*, Paris: Seuil, 1999, p.161.
24) Castoriadis, *L'institution imaginaire de la société*, p.319.

12. 불확실성을 견디며

르포르는 민주주의를 이렇게 부른다. "사람들이 불확실성을 견디며 살아가기로 동의한 사회형태." "거기서 정치활동은 하나의 한계에 부딪힌다." 민주주의는 정의상 상대주의적인 회의주의자의 역설에 노출되어 있다. 상대주의적인 회의주의자는 자신의 의심을 제외한 모든 것을 의심한다. 회의적인 독단론자 또는 의심의 독단론자가 될 만큼 말이다. 이런 위험을 의식했는지, 르포르는 "상대주의가 가장 높은 단계에 이를 때는 바로 우리가 민주주의의 가치에 대해 자문하게 됐을 때"라고 주장한다.[25] 하지만 민주주의적 평등 원리 자체에 기입되어 있는 이런 불확실성에서 어떻게 벗어날 것인가?

"민주주의를 속화"해야 한다. 신학적 문제를 세속적 문제로 계속 변형시켜야 한다. 이를 위해서는 정치적인 것을 사회적인 것이나, 잃어버린 신화적 단일성에 대한 탐구로 환원하기를 멈춰야 한다. 신화적인 '위대한 사회,' 최초의 공동사회Gemeinschaft를 복원하기를 꿈꾸면서 사회적인 것으로 정치적인 것을 모조리 흡수하겠다고 주장하는 것은 기실 사회적인 것의 환원불가능한 이질성과는 모순되는 동질적인 사회를 전제하는 것이다. 전체주의 체제를 경험하면서 우리가 배웠듯이, "관계들이 모두 가시적이고, 모두 가언적으로 되어버리는 사회적인 것의 실현 지점"[17]을 형상화하는 것은 불가능하다고 르포르는 단언한다.

---

25) Claude Lefort, *Le Temps présent: Écrits 1945~2005*, Paris: Belin, 2007, pp.730, 742, 635.

거의 정반대 관점에서 랑시에르 역시 "정치적인 것을 사회적인 것으로 환원하겠다는 이상"이 정치적인 것의 사회학적 종언이자, 민주주의를 "사회적인 것의 정치적인 자기조절"로 환원하는 것이라 본다. 1970년대에 '정치철학'의 복수라는 탈을 쓰고, '순수 정치'와 그 이데올로그들이 대거 귀환한 것은 "사회적인 것이 고유한 실존 영역이 전혀 아니라 정치의 계쟁 대상"이라는 사실을 은폐했다. 사회적인 것의 정치적(그리고 상상적이거나 상징적) 설립이 있을 것이다. 그리고 "정치의 회귀를 주장하는 철학자들과 정치의 종언을 주장하는 사회학자들 사이의 논쟁"은 어떤 질서, 즉 "정치를 제거하는 합의의 실천을 해석하기 위해 정치철학의 전제들을 취해야만 하는 질서" 위에서 이뤄지는 위조된 논쟁이다.[18]

13. 민주주의를 속화하라?

사회를 인격화하지 말자. 사회가 '신체를 이룰 수' 있다고 믿지 말자. 이것은 이미 월터 리프먼이 했던 실용주의적 고민이었다. 리프먼이 이런 고민을 한 것은 양차 세계대전 사이에 인민전선이나 '전 인민의 국가'를 위해 계급갈등이 부정됨으로써 정치 공간이 무화된 상황과 마주했을 때였다. 리프먼은 도발의 표시로 "사회는 존재하지 않는다"[19]며 끝을 맺었다. 존 듀이처럼 리프먼에게도 민주주의를 속화하기란 세계 너머의 모든 것, 모든 초월성, 세계 배후의 모든 것, 모든 궁극적 토대를 거부한다는 뜻이었고, 정치적 판단의 넘을 수 없는 불확실성을 받아들인다는 뜻이었다. 목적이 수단을 정당화한다는 공리주의적 도덕을 주장하는 반대파들에 맞서, 트로츠키는 목적 자체를 어떻게 정당화할 것인지 자문했고, 결국 계급투쟁이라는 궁극의 기준을 끌어들이게 됐다. 듀이는 트로츠키가 뚝딱뚝딱 짜 맞춘 초월성이라는 부정한 방책에 동의하고 있다며 비난했다. 목적과 수단이 상호작용하는 고리는 사실상 도망칠 어떤 구멍도 허용하지 않는다. 정치적 결정은 불확실성이라는 축소할 수 없는 몫을 떠맡게 된다. 이미 판에 끼어들었으니 판돈을 걸어야 한다.

리프먼은 사회를 신비스럽게 개념화하는 데 항의했다. 그런 개념화는 "민주주의가 그 자체의 한계와 그 사정거리 안에 있는 목적에 관한 명석한 관념에 도달하지 못하게 방해"26)한다는 것이다. 그래서 단순한 이해 갈등을 보편적인 도덕적 코드 없이 평범하게 해결해 버릴 것이다. 그렇다고 리프먼이 올바른 인민의 의지가 투표를 통해 표현되리라는 환상을 품는 것도 아니다. 유권자들은 시간이 없어서 문제를 다 돌아볼 수 없기 때문이다. 정치가 하나의 직업이 아니며, 민주주의에서는 개인의 무능이 합쳐져 집단적인 유능이 될 수도 있다는 무모한 가설에 리프먼은 회의적인 통찰력을 맞세운다. "신비주의 성향의 민주주의자들은 개인들의 무지를 합쳐서 공적인 일들을 이끌 수 있는 연속적인 힘을 산출할 수 있다고 생각하는데, 그렇게 생각할 만한 이유는 눈곱만큼도 없다." 각자가 모든 일에 관심을 가질 수는 없는 노릇이며, 이상적인 상황은 분쟁이 났을 때 직접적인 당사자들끼리 합의하는 것이다. 그 방면의 전문가가 하는 경험은 그렇지 않은 사람이 하는 경험과는 근본적으로 다른 것이다.

---

26) Walter Lippmann, *Le public fantôme*, Paris: Demopolis, 2008, p.39.

리프먼이 내린 결론은 명백하다. 요컨대 민주주의적 이상은 야망이 지나쳐서 폭군적인 간섭의 형태에 대한 환상에서 깨어나거나 그런 간섭을 향해 표류할 수밖에 없다는 것이다. 그러므로 "공적인 것을 제자리에 되돌려 놓아야 한다." 제자리에 되돌려 놓는다는 말의 이중의 의미에서, 즉 공적인 것에 겸손해야 할 의무를 일깨워주고, 또 공적인 것을 좌석에 앉혀야 하는 것이다.[27]

14. 시간과 공간의 엇갈림

랑시에르에게 대의제는 "과두적 형태"[28]로서, 처음부터 "민주주의의 정반대"이다. 이와 달리 카스토리아디스나 르포르에게 '권력[과 사회]의 분리désincorporation'는 '대의제라는 무대'를 함축한다. 대의민주주의는 대표들이 자신을 지명해준 시민들 대신 정치권력에 참여해서는, 흔히 심각한 왜곡을 대가로 치르며 사회에 '상대적인 가시성'을 부여해주는 체계인 것만이 아니다. 무엇보다도 대의민주주의는 조합적이지 않은 공통의 이해관계가 출현할 수 있게 해주는 논란의 공간을 정해주기도 한다. 대의민주주의의 역동적인 원리는 "사회의 갈등을 온전히 인정하고, 정치적·경제적·법적·미학적 영역의 차이를 인정하고, 습속과 태도의 이질성을 인정하는 것이다."[29]

대의제는 축소할 수 없는 사회의 이질성이 낳은 결과이자 정당이나 국가에 대해 사회운동이 유지해야 하는 자율성과 다원성을 정초

---

[27] Lippmann, *Le public fantôme*, pp.67, 143.
[28] Rancière, *La Haine de la démocratie*, p.60.
[29] Lefort, *Le Temps présent*, p.478.

하는 사회적 시공간의 엇갈린 다원성이 낳은 결과이다. 엇갈린 시간성의 변속기, 탈구된 공간의 미터기échelle mobile처럼 작동하는 정치투쟁이 총체성의 관점에서 늘 일시적인 단일성을 결정한다.

개인의 자유를 확장하는 것은 공적 공간의 도래와 뗄 수 없게 된다. 이 공적 공간이 말라 죽을 때 정치적 대의는 장난이나 웃음거리가 된다. 아렌트는 정치적 대의가 양차 세계대전 사이에 '우스꽝스런 가극'이 되어버렸다고 주장한다. 아니면 비극적 코미디이거나.

15. 직접민주주의냐 조합적 민주주의냐?

인민을 영구하게 집결시킬 수 있는, 엄밀한 의미에서 매개 없는 직접민주주의를 할 수 있는 시공간적 여건을 상상하지 않는 한, 또는 선출된 자가 위임장도 안 받고 누구도 대표하지 않은 채 추첨 절차에 따라 어떤 직무를 수행하는 상황을 상상하지 않는 한, 위임과 대의는 피할 수 없다. 도시에서도 그렇고, 파업에서도 그렇고, 정당에서도 그렇다. 그 문제를 부정하느니 차라리 그것을 꼭 껴안고서, 위임자가 수임자를 최대한 통제할 수 있도록 보장하고 권력의 전문화를 제한하는 대의방식을 찾는 것이 낫다.

1921년 레닌과 노동자반대파[20]가 벌였던 토론은 이 점을 잘 설명해준다. 알렉산드라 콜론타이는 정당의 수뇌부가 '이질적인 열망'에 스스로를 맞추고, 전문가들에게 기대고, 권력을 전문화하고, 편의상 "부르주아지의 특징인 개인주의적 개념의 구현인 1인 경영"에 기대고 있다며 비난했다. 콜론타이의 장점은 다른 사람들보다 먼저 권력의 전문화가 초래할 위험을 지각하고, 태동하는 관료주의적 반동의 출현을 봤다는 데 있다. 하지만 콜론타이의 비판(이에 따르면 위의 이탈은 사회적인 것의 이질성에 타협해 생긴 산물이다)은 동질적 사회에 관한 환상을 전제한다. 소유와 출생의 특권만 폐지되면 프롤레타리아트는 한 몸을 이루리라는 환상 말이다. 경제 영역에서 프롤레타리아 독재의 창의력을 누가 보장해야 하는가라고 콜론타이는 묻곤 했다. "본질적으로 프롤레타리아적인 기관인 노동조합"인가, 아니면 "이와 반대로 생산활동과는 아무런 생생한 관계도 맺고 있지 않고, 더군다나 잡다한 사회집단이 뒤섞여 있는 국가의 관리기구"인가? 콜론타이는 여기에 덧붙였다. "그것이 문제의 매듭이다."[30]

그렇다. 그것이 매듭이다. 영토에 기초한 대의제(소비에트는 원래 영토에 근거한 기관이었다[31])를 제거하고 싶다면 노동조합을 행정기관 또는 국가기관으로 변형시키는 한편, 조합들의 파편화를 유지함으로써 일반의지의 출현을 막아야 한다. 콜론타이나 그의 동료 알렉산드르 쉴리아프니코프는 여러 차례에 걸쳐 "뒤죽박죽"이거나 "잡다한 사회집단의 혼합"을 고발했는데, 이는 사실 프티부르주아지나 구체제 간부들과의 타협을 고발하기 위한 것이다(이 "이질적인 범주들 사이를 우리 당은 요리조리 피해 가야 한다"). 혼합과 뒤죽박죽을 이리 증오하는 것은 헤게모니적인 목표 없이, 사회적으로 순수한 노동자혁명을 꿈꾸고 있음을 보여준다. 그것은 역설적이게도 하나의 일체된 계급을 구현하는 하나의 당으로 귀결된다.

---

30) Alexandra Kollontaï, *L'Opposition ouvrière*, Paris: Seuil, 1974, p.50.
31) Oskar Anweiler, Serge Bricianer, et Pierre Broué, *Les Soviets en Russie, 1905~1921*, Paris: Gallimard, 1972.

노동자반대파를 통해 레닌이 싸우고자 했던 것은 사회민주주의가 견지한 개념, 즉 지역·회사·직업의 특수한 이해관계를 종합하지도 않고, 일반적인 이해관계를 끌어내지도 못한 채 그것들을 그저 병렬할 뿐인 조합주의적 개념이다. 지방분권화된 권력과 지역경제 민주주의의 네트워크는 사회 전체의 헤게모니를 쥐는 기획을 제안할 수 없기에 관료주의적 보나파르티즘의 통솔을 받는 것이 불가피하다. 기존 질서의 폐지를 목표로 하는 실제 운동 속에 기입된 개별적 경험의 유효성이 아니라 그 경험의 한계가 논란거리가 된다.

16. 수의 상대성에 관하여

수는 진리와 아무 상관이 없다. 수는 증거로서의 가치가 전혀 없다. 다수의 사실은 규약에 따라 논란을 잠재울 수 있다. 그러나 항소의 기회는 늘 열려 있다. 오늘의 소수 대 오늘의 다수, 내일 대 현재, 정당성 대 적법성, 도덕 대 법의 항소가 말이다.

다수결의 원리(그것은 부득이할 뿐이다)에 대한 급진적인 대안은 추첨이다. 설사 신화적인 형태로라도 그런 관념이 작금의 민주주의 제도가 보이는 위기의 징후로서 대두되고 있다는 것은 놀랄 일이 아니다.[32] 이 점을 가장 진지하게 논의한 바 있는 랑시에르는 통치할 자격의 부재가 "민주주의라는 단어가 뜻했던 가장 심각한 골칫거리"라고 적고 있다. 왜냐하면 민주주의는 "우연의 신의 뜻"이자, 우월성이 우월성의 부재 말고는 다른 어떤 원리에도 기초하지 않는다

---

[32] Canfora, *La Démocratie, histoire d'une idéologie*.

는 스캔들이기 때문이다. 따라서 추첨은 논리적 결론이다. 물론 부정적인 측면도 있지만, 그것을 다 고려하더라도 능력·술책·간계에 따른 통치보다는 덜 나쁘다. "훌륭한 통치는 통치하길 욕망하지 않는 평등한 자들의 통치이다." 그리고 민주주의는 "통치하기 위한 사회도 아니고, 사회에 대한 통치도 아니다. 그것은 바로 이 통치불가능한 것이다. 모든 통치는 결국 자신이 이 통치불가능한 것 위에 서 있음을 발견해야 한다."[33] 대의제를 단순히 추첨으로 대체하는 것은 국가, 그리고 완수해야 할 제안이나 기획을 만들어내는 심의로서의 정치 자체를 폐지하는 것이나 같다.

다수에게서 신적 지혜의 내재적 현시를 보려 했던 전통과는 반대로, 리프먼은 선거를 탈신성화시킨 미니멀리즘적인 개념을 지지한다. 투표는 더 이상 어떤 의견의 표현도 아니다. 그것은 단순히 한 후보자를 지지하겠다는 약속이다. 유권자는 개인적으로 자기에게 관련된 것에 대해서만 유능하다는 일관된 생각 아래, 리프먼은 위임의 원리를 급진적으로 밀어붙여서 정치권력의 극단적인 전문화와 독점을 이론화해 수용하기까지 한다. 다시 말해서 과두적인 개념으로 사실상 되돌아가는 셈이다.

17. 당파의 매개

랑시에르가 보기에 "사람들이 당에 의해 대표되기를 요구하게 만드는 것"은 피곤함이다. 모든 대의제를 거부하는 것은 당 개념을 단호

---

[33] Rancière, *La Haine de la démocratie*, p.57.

히 거부함을 함축한다.34) 당이란 사람들이 스스로 존재하기를 포기하겠다는 의사표명인 셈이다. 1975년 르포르는 당을 합체^{incorporation}의 예로 봤다. 그래서 카스토리아디스와 달리 르포르는 포괄적인 시각을 추구하는 여하한 선언이나 강령도 원리상 거부했다. 1993년 발칸반도의 전쟁에 NATO가 개입하고, 팔레스타인 영토를 이스라엘이 점령하는 것을 단호히 지지함으로써 전체주의와 민주주의라는 이항대립에 대한 찬동을 구체화하고 나서, 르포르는 정당에 대한 비판이 아무리 타당할지라도 "대의체계에 기반을 둔 자유민주주의를 구성하고자 하는 요구를 잊게 만들 수는" 없다고 평가했다. 시민사회의 협회 네트워크에 필수불가결한 역할을 부여하면서, 르포르는 이제 "정당들 사이의 경쟁만이 다양한 사회집단의 열망을 일반적인 차원에서 나타나게 만들 수 있다"고 주장했다.35) 역사의 아이러니이지만, 이렇게 주장하는 것은 우회로를 돌아 레닌주의적 관념으로 돌아가는 것이었다. 레닌주의적 관념에 따르면 정치는 사회적인 것으로 환원불가능하며, 최종심에서 계급관계에 의한 정치적 결정은 정당들의 투쟁을 통해서만 작동한다.

    피에르 부르디외는 말년에 개인적 의견들의 수학적 총합이 옳다고 보는 민주주의의 믿음을 거부했다. 이는 논리적으로 집단행위의 중요성을 복원하는 것으로 귀결된다. 이 집단에 어떤 이름을 부여하든 상관없이 말이다. 하지만 정당은 계급이 아니다. 계급은 계급을

---

34) Jacques Rancière, *Le Philosophe et ses pauvres*, Paris: Flammarion, 2006, p.204.
35) Lefort, *Le Temps présent*, p.941.

대표한다고 자처하는 정당을 언제나 초과한다. 그러므로 "정치에 내재해 있는 이율배반"[21]이 있을지도 모른다. 노동과정에서의 소외에서 벗어난다는 미명 아래 위임과 대표를 통한 소외에 빠져들 위험이 있는 것이다. 피지배자들은 대의 작업을 거치기 전에는 (통계상으로 존재하는 것 말고는) 집단으로서 존재하지 않기 때문에 어떤 일이 있어도 대표될 필요가 있을 것이다. 그리하여 지배의 거의 완전한 악순환, 그리고 "만일 우리가 그들을 위해 말하지 않았다면 말할 수 없었을 사람들을 위해 말하는 것이 무엇인지를 아는 유사 형이상학적인 근본 문제"가 발생한다.36)

형이상학적 문제, 사실은 거짓 문제. 그것은 피지배자들이 재생산의 악순환을 깰 수 없고, 스스로 말할 수 없다는 끈질긴 전제에서 필연적으로 유래한다. 그렇지만 피지배자들은 말하고 꿈을 꾼다. 그것도 다양한 방식으로 말이다. 부르디외가 주장하는 것과는 반대로, 피지배자들은 '대의 작업' 이전에 다양한 방식으로(집단으로 존재하는 것을 포함해) 존재한다. 노동자, 여성, 노예가 쏟아냈던 무수한 말들이 이 존재를 증언한다. 그들의 정치적 발언이 무엇이냐를 아는 것이야말로 특유한 문제이다. 레닌이 보여줬듯이 정치 언어는 사회적인 것의 충실한 반영도 아니고, 조합적 이익의 복화술적 번역도 아니다. 그것은 상징적으로 자리를 옮기며, 응축되기도 하고, 특정한 장소와 대화상대자를 갖기도 한다.

---

36) Pierre Bourdieu, *Propos sur le champ politique*, Lyon: Presses universitaires de Lyon, 2000, p.87.

18. 정당들의 신학적 무화에 관하여

오늘날 '당-형태'에 대한 거부는 보통 [당들의] 일시적 연합, 유동적이고 그물처럼 유연한 간헐적 당-형태에 대한 변론을 동반한다. 자유로운 유통과 원활한 사회를 옹호하는 자유주의적 수사와 같은 꼴인 이 담론은 그리 새로운 것이 아니다. 『정당들의 일반적인 폐지에 관한 노트』에서 시몬느 베이유는 '아무 편에도 들지 않고' 관망하는 태도에서 은신처를 찾는 데 만족하지 않았다. 베이유는 "정당을 폐지함으로써 시작해야 한다"고 요구하기까지 했다.37) 이 요구는 "모든 정당의 구조"가 "그냥 지나칠 수 없는 비정상성"을 포함하고 있다는 진단에서 논리적으로 도출된 것이었다. "정당은 집단의 정념을 제조해야 하고, 각자의 생각에 집단적 압력을 행사해야 하는 기계이다." 모든 정당은 "맹아와 열망에 있어서 전체주의적이다."38)

이 표현은 오늘날 유행하고 있는 혁명적 조합주의자의 정당 비판이다. 스페인 내전, 독일-소련 불가침 조약, 스탈린의 '거대한 사기'를 체험한 이후 우리는 이 표현의 기원을 이해할 수 있게 됐다. 양차 세계대전 사이에 이뤄진 거대 당파 기계들의 진화, 정치적 다원주의가 억압되는 상황 앞에서 검증된 공포가 바로 그 기원이다. 그 반대편에는 (개인의 자유를 보증해주는 것으로 순진하게 고려된) '무소속'

---

37) Simone Weil, *Note sur la suppression générale des partis politiques*, Paris: Table ronde, 1950, p.70. 베이유 사후 일곱 달 뒤에 출간된 이 책은 2006년 앙드레 브르통이 「정당을 추방하기」("Mettre au ban les partis politiques")라는 제목으로 붙인 서문과 함께 클리마(Climats) 출판사에서 재출간됐다.

38) Weil, *Note sur la suppression générale des partis politiques*, p.35.

과 (은총에 의해 계시된 진리에 관한 종교적 개념, 가령 "진리는 하나다," "유일선이 목적이다" 따위를 꽤 논리적으로 참조하는) '진리에 대한 무조건적 욕망'에 기댄 찬사가 있다. 그러나 이 절대 진리를 포고하는 것은 누구이며, 이 최고선을 결정하는 것은 누구인가?

정치를 제거하면 신학이 남는다. "내면의 빛은 그것에게 의견을 묻는 누구에게든 늘 분명한 답변을 준다." 그러나 "진리에 대해 아무것도 모르고서 어찌 진리를 욕망하겠는가?" 바로 여기에서 베이유는 "신비 중의 신비"를 인정한다. 그 신비의 해명은 순전히 동어반복이다. 진리는 진리에 대한 욕망에서 생겨난다. "진리는 사유하는, 즉 유일하게 전체적이고, 배타적으로 진리를 욕망할 수 있는 피조물의 정신 속에서 솟아오르는 사유이다. 헛되이 진리를 욕망함으로써, 미리 그 진리의 내용이 되려고 시도하지 않음으로써 우리는 빛을 받아들인다." 은총에 의한 계시와 순수함의 추구는 불가피하게 권위적 개인주의, 다시 말해서 각자에게 그만의 진리가 있다는 역설에 이른다. 모든 집단적 권위를 거부하면서, 그것은 결국 자기 자신의 권위를 자의적으로 강제하는 것으로 끝나는 셈이다. 그렇다면 "정당 폐지야말로 거의 순수한 선이 될 것인가?"[39] 하지만 무엇으로 정당을 대신할 것인가? 베이유는 어떤 선출체계를 상상한다. 거기서 후보

---

[39] Weil, *Note sur la suppression générale des partis politiques*, p.50~51, 56, 61. 브르통은 서문에서 [정당의] '폐지'라는 단어를 '추방'이라는 단어로 대체해 이 주장에 미묘한 변화를 주려고 했다. 추방은 더 이상 직접적인 입법 행위가 아니라 역사적 과정, 즉 "집단적 각성의 장기 기획"이 가져오는 결과라는 것이다. 그것은 국가, 정치, 법의 고사라는 의심스러운 관념만큼이나 [시간적으로] 멀리 떨어진 것이다. 그러나 그 [역사적 과정] 동안 무엇을 할 것인가?

자들은 하나의 프로그램을 제안하는 대신 순전히 주관적인 의견을 표명하는 데 만족하게 된다. "나는 이런저런 큰 문제에 대해 이러저러하게 생각합니다" 같은 식으로 말이다. 더 이상 정당은 없다. 더 이상 좌파도 우파도 없다. 변화하는 하나의 먼지, 소량의 의견들만 있다. 선출된 자들은 "자연적인 놀이와 친화성의 운동"에 따라서 이합집산할 것이다. 이 유동적이고 간헐적인 친화성이 결정체를 이루거나 응결되지 않도록 하기 위해서는 어떤 잡지의 우연한 독자들이 협회나 애호가 집단으로 조직되는 것조차 금지해야 한다. "한 집단이 구성원의 성질에 한정된 성격을 부여함으로써 결정체를 이루려 한다면, 언제든 사실관계가 성립하는 경우 형사상의 진압이 있을지어다!"[40] 이것은 누가 법을 제정하는가의 문제, 그리고 누구의 이름으로 이 형사재판권이 행사되는가의 문제로 돌아간다.

    세속적인 정치, 그 비순수성·비확실성·허술한 규약을 거부하면 불가피하게 신학을 끌고 올 수밖에 없다. 은총, 기적, 계시, 회개, 용서라는 신학의 모든 소지품과 함께 말이다. 이렇듯 정치에 대한 복종에서 벗어나겠다는 허망한 도주는 사실상 무능력을 영속화할 뿐이다. 원리의 무조건성과 실천의 조건성 사이의 모순에서 빠져나가겠다고 자처하는 대신, 정치는 그 모순 속에 자리를 잡고 그 모순을 연구함으로써 그것을 제거하지 않고 지양하는 것으로 이뤄진다. 정당의 매개를 제거하라. 그러면 당신은 '무無-당'의 일당인 국가를 갖게 되리라! 우리는 거기에서 벗어나지 못한다.

---

[40] Weil, *Note sur la suppression générale des partis politiques*, p.65.

당파적 논리를 향한 불신은 정당하다. 하지만 관료제의 위기와 세기의 비참을 모두 하나의 형태('당-형태')에게 책임지우는 것은 조금 궁색하다. 관료화되어가는 심각한 추세는 근대 사회의 복잡한 성격과 사회적 차원의 분업 논리에 들어간다. 그 추세는 모든 형태의 조직에 출몰한다. 당을 폐지하자는 베이유의 주장은 뒤집어진 물신주의, 단조로운 조직결정론에 속한다. 그것은 조직을 역사화하는 대신, 즉 사회적 관계와 소통수단의 변화에 따라 조직이 진화하고 변동한다는 사실을 사유하는 대신 조직을 박제한다.

19. 민주주의적인 영구혁명

흔히 생각하는 것과는 달리, 맑스는 자신이 형식적이라고 규정한 민주주의적 자유를 전혀 무시하지 않았다. 법학 교육을 받았던 맑스는 형식이 무의미하지 않으며, 그 나름의 실효성을 갖고 있음을 너무나 잘 알고 있었다. 맑스는 그것의 역사적 한계를 강조했을 뿐이었다. "정치적 해방[시민권의 정치적 해방]은 커다란 진보이다. 그것이 인간해방 일반의 궁극적 형태가 아님은 분명하다. 하지만 그것은 현존하는 세계질서 속에서 인간해방의 최종 형태이다."[41] 맑스에게 중요한 것은 "정치적 해방과 종교의 관계 문제"를 "정치적 해방과 인간해방의 관계" 문제로, 또는 정치적 민주주의와 사회적 민주주의의 관계 문제로 바꾸는 것이었다. 민주주의를 혁명화하는 이 과제는 1848년 혁명으로 현실이 됐으나, 실제로 현존하는 의회민주주의에

---

41) Karl Marx, *Sur la question juive*, Paris: La Fabrique, 2006, p.44.

대한 비판이 권위주의적 해결책과 신화적 공동체 쪽으로 기울지 않도록 하려면 마저 할 일이 남아 있다.

    랑시에르는 '민주주의의 스캔들'에 대해 말한다. 어떤 점에서 민주주의는 스캔들을 일으킨다고 할 수 있는가? 정확히 말하면, 민주주의는 살아남으려면 항상 더 멀리 가고, 그것의 제도화된 형태들을 영구하게 위반하며, 보편적인 것의 지평을 뒤흔들고, 평등을 자유의 시험대 위에 놓아야 하기 때문이다. 민주주의는 정치적인 것과 사회적인 것 간의 불확실한 나눔을 끊임없이 뒤흔들고, 사적 소유로 인한 피해 그리고 공적 공간과 공공재에 대한 국가의 침해에 필사적으로 항의하기 때문이다. 마지막으로 민주주의는 항구적으로 모든 영역에서 평등과 시민권에 대한 접근을 확장시키려 애써야 하기 때문이다. 민주주의는 그것이 끝까지 스캔들을 일으키는 한에서만 민주주의인 것이다.

4 "오늘날 우리는 모두 민주주의자이다……"
"Nous sommes tous démocrates à présent……"

웬디 브라운
(캘리포니아대학교 버클리캠퍼스 정치학 교수)

민주주의여, 돌아온 걸 환영하네!
버락 오바마 당선에 관한 『비버』 (런던정치경제대학교 신문)의
기사헤드라인 (2008년 11월 6일자)

일반의지는 언제나 공명정대하고 항상 공익을 도모한다는 결론이 얻어진다. 그렇다고 인민의 의결이 언제나 한결같이 올바르다는 결론이 나오는 것은 아니다.
장-자크 루소, 『사회계약론』(1762)[1]

1. 민주주의, 텅 빈 기표

오늘날 민주주의는 역사상 전례 없는 인기를 누리고 있지만 개념적으로는 더할 나위 없이 모호하고 실질적으로는 빈약하기까지 하다. 어쩌면 민주주의가 지금 누리고 있는 인기는 민주주의의 의미와 실천이 보여주는 개방성뿐만 아니라 그 공허함에도 의존하고 있는 듯하다. 민주주의라는 말은 누구나, 그리고 모두가 자신의 꿈과 희망을 싣는 텅 빈 기표이다. '버락 오바마'라는 이름이 그렇듯이 말이다. 아니, 어쩌면 (근대 민주주의의 이란성 쌍둥이이자 그 중에서 언제나 더 팔팔하고 꾀바른) 자본주의는 마침내 민주주의를 하나의 '브랜드'로, 즉 제품의 실제 내용으로부터 제품의 판매가능한 이미지를 완전히 잘라내는 상품물신성의 최신 변형으로 뒤바꿔놓았다.[1)] 아니, 21세기의 특징인 신들끼리의 격렬한 싸움은 마땅히 근대성에 의해 완화됐어야만 했는데 그렇지 못했다는 휘그적 역사관[2]을 놀려보자면, 민주주의는 새로운 세계종교로서 부상했다. 정치권력과 정치문화의 특정한 형태로서가 아니라 서구와 그 숭배자들이 그 앞에서 머리를

조아리는 제단으로서, 그리고 서구 제국주의의 십자군들을 빚어내고 정당화했던 신의 의도로서.

민주주의는 오늘날 세계 곳곳에서 정치 스펙트럼을 망라해 칭송받고 있다. 탈냉전 체제로 전환되면서 과거의 소비에트 주체들이 신자유주의의 아바타이자 불굴의 자유주의자들이 누리는 기업가적 행복을 만끽하듯이, 유럽-대서양의 좌파 역시 이 브랜드에 넋을 빼앗겼다. 헤겔적 테마에서 등 돌린 뒤 정치적인 것을 포기해버린 맑스의 태도를 시정하기 위해서 우리는 민주주의를 찬양하고(혹은 공산주의란 애초부터 급진민주주의를 뜻했다 말하고), 아직 시도된 적 없는 목적과 에토스를 갖춘 민주주의를 포착하려 하며 '도래하는 민주주의,' '셈해지지 않은 자들의 민주주의,' '민주화하는 주권,' '민주주의의 작업장,' '다원화하는 민주주의' 등에 관해 쓴다. 실비오 베를루스코니와 조지 W. 부시, 자크 데리다와 에티엔 발리바르, 이탈리아 공산주의자들과 하마스 등 오늘날 우리는 모두 민주주의자이다. 그런데 민주주의에 또 무엇이 남았을까?

2. 데모스의 통치

자유민주주의(유럽-대서양 근대성의 지배적 형태)가 유서 깊은 고대

---

1) 패트릭 루피니가 우리에게 상기시키듯이, 거대 브랜드는 "제품의 특성이나 사양과는 실질적으로 아무런 연관관계도 없는 감정을 불러일으킨다." 이런 지적은 나이키와 BMW, 그리고 가장 최근에 실시된 미국 대통령선거 기간 중의 오바마에게도 정확히 들어맞는다. Patrick Ruffini, "The Marketing of the President 2008," www.partickruffini.com (posted on February 13, 2008) [현재 이 사이트는 존재하지 않지만, 위 글은 쉽게 검색된다.]

그리스의 용어에 함축된 정치권력의 배분방식 중 한 가지 변종에 불과하다는 것은 아무리 강조해도 지나치지 않다. 데모스^{demos}와 크라시^{cratie}의 결합, 즉 인민의 통치는 귀족정, 과두정, 참주정, 또한 피식민이나 피점령의 조건과 대립된다. 하지만 그 어떤 강력한 논변으로도 원래 민주주의가 대의, 입헌, 심의, 참여, 자유시장, 권리, 보편성, 혹은 평등을 수반했다고 입증할 수 없다. 이 용어는 단순하고 순전히 정치적인 주장, 즉 인민이 자기 자신을 통치하며, 일부나 어떤 대타자가 아니라 전부가 정치적으로 주권자라는 주장만을 담고 있다. 이와 관련해 민주주의는 끝이 없는 원리이다. 그것은 인민의 통치가 실행되기 위해서 어떤 권력을 나눠야 하는지, 이 통치가 어떻게 조직되어야 하는지, 어떤 제도나 보충조건에 의해 그것이 수립되고 확보되어야 하는지 상술하지 않는다. 처음부터 서구 정치사상은 민주주의의 특징을 놓고 옥신각신했다. 달리 말하면 (아리스토텔레스에서부터 루소, 알렉시스 드 토크빌, 맑스, 존 롤즈, 셸던 월린까지) 이론가들은 민주주의가 정확한 조건, 풍부한 보충, 미묘한 균형을 필요로 한다고 (서로 다르게) 주장했으나, 민주주의라는 용어 자체는 그런 것들을 규정해주지 않는다. 어쩌면 그렇기 때문에 민주주의에 대한 작금의 열광 속에서 자신들이 열광하고 있는 대상의 내용이 얼마나 텅 비었는지를 사람들이 외면하는 상황이 벌어지는 듯하다.

3. 탈-민주화

오늘날 민주주의가 왜 이렇게 인기가 높은지 분명히 알기는 어려워도, 자유민주주의(의회민주주의, 부르주아민주주의, 혹은 입헌민주주의)가 예전[고대 그리스] 민주주의의 껍데기에 지나지 않게 되는 과정을 대략적으로 그려내는 것은 훨씬 쉽다. 민주주의라는 깃발을 들고 오랫동안 세계 각지를 누벼왔던 인민은 어쩌다가 공통을 위한 공통의 지배를 이룰 수 없게 됐을까? 근대 후기의 세력배치와 현상이 어땠길래 제한된 형태의 근대 민주주의에서조차 그 알맹이가 쏙 빠지게 됐을까?

첫째, 기업권력이 인민의 정치적 지배라는 약속과 실천을 침식시켰으며, 이 과정은 이제 전례 없는 수준에 도달했다.[2] 이것은 정치인을 매수하거나 스스로 정치인이 되어 공공연히 국내외 정책의 틀을 짜고 있는 돈 많은 기업들의 문제인 것만이 아니다. 공공의 정보나 권력의 책임이라는 관념 자체를 비웃는 기업화된 미디어들의 문제도 아니다. 오늘날 주요 민주주의 국가들에서는 기업과 국가의 권력이 교차하는 것 이상으로 융합되는 모습을 보인다. 가령 학교, 군대, 감옥에 이르기까지 국가기능이 광범위하게 아웃소싱되고, 투자은행가와 CEO가 장관이나 각종 정부위원회의 수장이 되며, 국가가 금융자본의 상당 지분을 은밀하게 소유하고 있다. 무엇보다 국가권력은 자본의 전 부문에 걸쳐 직접지원과 구제금융을 줄기차게 하고 있을 뿐 아니라 세금, 환경, 에너지, 노동, 사회, 재정, 통화정책을 통해 자본축적의 기획에 뻔뻔하게 연루되어 있다. 서민, 즉 데모스는 이런 대부분의 전개를 통찰하거나 추적할 수 없고, 혼자서는 이런

---

[2] 이 주제에 관한 최고의 책으로는 다음을 참조하라. Sheldon Wolin, *Democracy Incorporated: Managed Democracy and the Specter of Inverted Totalitarianism*, Princeton: Princeton University Press, 2008.

전개에 항의하거나 다른 목적을 제안하면서 대항할 수도 없다. 자본의 필요에 대해 "아니오"라고 말할 만한 힘이 없기에, 그들은 자기 것들이 내던져지는 것을 대개 수동적으로 지켜본다.

둘째, 민주주의의 (피상적이긴 해도) 가장 중요한 아이콘인 '자유' 선거는 정치자금을 마련하는 스펙터클에서부터 표적 유권자 '동원'에 이르기까지 마케팅과 경영의 서커스가 되고 있다. 투표를 전자제품 브랜드 선택과 매한가지로 보는 세련된 선거 마케팅 전략에 시민들이 놀아나면서, 정치적 삶은 점차 미디어와 광고의 성공으로 환원된다. 민주주의적 원리보다는 브랜드를 홍보하고 기업 미디어를 좌우하는 데 능숙한 홍보 전문가들에 의해 포장되는 것은 후보자만이 아니다. 각 정파의 정책이나 의제 역시 공공재라기보다는 마치 소비재인 양 판매된다. 대학의 정치학과가 경영대학과 경제학과에서 교수진을 끌어와 날로 팽창하듯이, 정부 내에 CEO의 숫자가 늘어나는 것도 하등 놀랍지 않다.

셋째, 정치적 합리성으로서의 신자유주의는 입헌주의, 법 앞의 평등, 정치적·시민적 자유, 정치적 자율성과 보편주의적 포함 같은 자유민주주의의 기본 원리를 비용/수익 비율, 능률, 수익성, 효율성 같은 시장의 기준으로 대체하면서 자유민주주의의 근간을 전면적으로 공격했다.[3] 바로 이런 신자유주의적 합리성에 의해서 각종 권리

---

[3] 신자유주의적 합리성의 심층적인 탈-민주화 효과를 더 깊이 설명한 논의로는 나의 책을 참조하라. Wendy Brown, *Les habits neufs de la politique mondiale: Néolibéralisme et néoconservatisme*, trad. Christine Vivier, (préface de Laurent Jeanpierre), Paris: Les Prairies Ordinaires, 2007.

와 정보접근뿐만 아니라 정부의 투명성, 책임성, 절차주의 같은 여타의 입헌적 보호장치마저 쉽게 회피되거나 무시된다. 특히 국가는 공공연히 인민의 지배가 아니라 경영관리 운용의 구현체로 탈바꿈한다.4) 신자유주의적 합리성은 입헌국가를 비롯해 모든 인간과 제도를 회사 모델에 따라 가공하며 정치영역에서 민주주의의 원리를 기업가적 원리로 대체한다. 이런 변형은 민주주의에서 데모스를 퇴위시킬 뿐만 아니라, 국가주권이 쇠퇴하는 바로 그 순간에 국가의 행정권력이 확장되는 것을 허용한다. 신자유주의는 민주주의의 정치적 실체를 부스러기로 만들어버린 뒤 제 입맛에 맞게 민주주의라는 용어를 탈취했다. 결국 한때 규제받지 않는 자본에 의한 우파적 협치governance를 조롱조로 지칭하는 용어였던 '시장민주주의'가 이제 자기 자신을 지배하는 인민과는 무관해져버린 한 형태를 서술하는 평범한 서술어가 되어버렸다.

그렇지만 자본과 신자유주의적 합리성만이 자유민주주의적 제도, 원리, 실천의 알맹이가 제거된 데 책임이 있는 것은 아니다. 확장된 행정권력 외에도 우리는 지난 10년간 국내·국제 법원의 권력과 활동영역의 확장을 목도하고 있다.5) 바로 이것이 네 번째 요인이다. (국내의 사회운동과 국제 인권캠페인에서 생기는 것들을 포함해) 다양

---

4) 미셸 푸코가 국가의 통치화에 대해 언급한 대목을 참조하라. Michel Foucault, *"Il faut défendre la société"*: *Cours au Collège de France, 1976*, Paris: Seuil/Gallimard, 1997.
5) (자신들의 성공이 뜻하지 않게 민주주의를 희생시킬 수 있음에도 불구하고) 법정에서 '승소'할 가능성을 찾는 선의의 활동가들이 논의하고 있는 쟁점 중의 하나가 바로 이런 확장이다.

한 정치투쟁과 쟁점이 점점 더 법원에 넘어간다. 거기서 법 전문가들은 너무 복잡하고 난해해서 해당 분야의 전문변호사 말고는 누구도 이해할 수 없는 언어로 효율적이고도 능숙하게 정치적 결정을 내린다. 이와 동시에 법원들은 무엇이 금지되어야 하는가를 결정하는 데서 무엇을 해야 하는가를 말하는 것으로 넘어갔다. 간단히 말해서 법원들은 제한을 부과하는 기능에서 입법적 기능으로, 즉 민주주의적 정치의 고전적 과제를 실질적으로 찬탈하는 쪽으로 넘어갔다.[6) 법의 규칙에 따라 사는 것이 대다수 민주주의의 주된 핵심이라면, 법원들의 협치는 민주주의의 전복인 셈이다. 이런 협치는 인민주권의 토대인 입법에 대한 사법의 본질적 종속을 뒤집은 것이자, 비-대의적 제도에 권력을 주고 그것을 정치화한 것이다.

다섯째, 자본이 정치를 지배하고, 신자유주의적 합리성이 민주주의적 합리성을 추월하고, 정치가 법원에 넘어가고, 세계화가 국민국가의 주권을 침식하는 것뿐만 아니라 국민국가에서 주권권력이 떨어져 나가는 것 역시 오늘날 서구의 탈-민주화에 중요하다.[7) 설령 국민국가의 주권이 절대적으로 우선되는 것, 완벽한 것, 안정된 재판권, 폭력의 독점, 시간을 관통하는 영속성을 향한 갈망 속에서 등장한 허구였을지언정 그것은 강력한 허구로서, 1648년 베스트팔렌

---

6) Gordon Silverstein, *Law's Allure: How Law Shapes, Constrains, Saves and Kills Politics*, New York: Cambridge University Press, 2009; Jack Jackson, "Law as Politics/Politics as Law," a dissertation in progress, Political Science Department, University of California, Berkeley.

7) Wendy Brown, "Souveraineté poreuse, démocratie murée," *La Revue internationale des livres et des idées*, no.12, juillet-aout 2009.

조약에 의해 봉헌된 이래 국민국가의 대내외적 관계에 스며들어 있다. 그러나 20세기 중반 이래 자본, 인구, 관념, 자원, 상품, 폭력, 정치적·종교적 헌신성의 초국적 흐름이 날로 증가해가자 국민국가가 이 혼합된 속성들을 독점하던 상황이 매우 위태로워졌다. 이 초국적 흐름은 자신이 가로지른 경계를 산산이 부수는 동시에, 그 경계 내부에서는 권력으로 결정화結晶化됐다. 그리하여 국민국가의 주권은 그 끝에서나 내부에서나 모두 위태로워졌다.

주권이 쇠퇴하는 와중에도 국가가 여전히 확고한 작인作因일 때, 민주주의가 말하는 주권의 독특한 이중적 의미("인민에게서 유래한다"와 "최고권자에게서 유래한다")에서 국가가 멀어질 때 두 가지 중대한 결과가 초래된다. 한편으로 민주주의는 그에 필요한 정치적 형태와 그릇을 상실하며, 다른 한편으로 국가는 인민주권을 구현한다거나 인민의 의지를 실행한다고 자처하기를 그만둔다. 이 과정은 앞서 언급한 국가의 신자유주의적 통치화에 의해 이미 개시된 것이다.

첫 번째 점과 관련해 민주주의, 즉 인민에 의한 지배는 명확히 한정된 독립체 내에서만 의미를 가지며 실행될 수 있다. 바로 이것이 '인민주권'은 곧 '민주주의'라는 등식 속에서 주권이 나타내는 바이다. (가상적으로 혹은 문자 그대로) 주권의 한정된 관할권에서 분리된 민주주의는 정치적으로 무의미하다. 인민이 스스로를 지배할 수 있기 위해서는 동일화할 수 있는 집단적 실체(그 안에서 권력이 배분되고, 그것에 대해 그 권력이 실행되는 실체)가 있어야 한다. 물론 국민국가가 비대해진 탓에 민주주의를 의미 있게 만드는 권력의 배분방식이 이미 제한되기는 하지만, 정치적·경제적·사회적 권력의 후-국민적postnational이고 초-국민적인transnational인 장들이 이런 관할권을 대체하게 되면 민주주의는 지리멸렬하게 된다.

두 번째 점과 관련해 주권과 분리된 국가들은 대내외적으로 불량국가가 된다. 국가의 권력을 실행하기 위한 참조점은 인민의 대의도 인민의 보호(고전적 자유주의가 국가의 특권을 정당화하는 방식)도 아니다. 옛 현실주의자들의 국가이성을 소심하게 따라하는 동시대의 국가들은 권력의 위신을 좇는 대신에 내부 행위자로서의 복잡한 이중적 역할, 즉 경제적 세계화의 촉진자이자 안정자라는 역할을 하고 있다. 이런 맥락에서 대내적으로는 회사처럼 기능하고, 대외적으로는 (각 국가로부터 주권의 일정 역할을 인수받은) 자본의 세계질서의 약한 관리자처럼 기능하는 통치화된 국가 속에서 인민은 수동적인 소액주주로 변해버린다. 2008년 가을의 금융자본 붕괴에 국가가 행한 대처보다 이 점을 더 명확히 보여주는 것은 없다.

마지막으로, '안보정책'은 근대 후기의 전지구화된 세계에서 서구 국가들이 탈-민주화하는 국가행동을 하는 데 중요한 비중을 차지한다. 이스라엘, 인도, 영국, 미국에서 테러리즘을 예방하거나 억제하기 위해 강구된 조치들 전체는 종종 국가주권의 부활로 잘못 특정되지만 그 조치들은 자본이 국가에 융자해준 구제금융처럼 국가가 주권권력에서 분리되고 있다는 신호이며 주권의 상실과 관련 있다. 자유주의적인 정치원리(자유, 평등, 법의 지배) 대신에 비용·이윤·효율을 강조한 신자유주의자들 덕택에 안전국가는 일련의 탈-민주화 조치들(이동권과 정보접근권의 제한, 인종 프로파일링, 그 영역이

넓어지는 국가기밀, 선전포고 없는 영구전쟁 등)로써 약화되어가고 도전받고 있는 국가주권에 훨씬 더 쉽게 반응할 수 있게 됐다.

요컨대 인민이 스스로를 지배할 수 있으려면 우선 인민이라는 것 자체가 존재해야만 하며, 자신들이 민주화하려고 하는 권력에 접근해야만 한다. 세계화로 국민국가의 주권이 쇠퇴됨에 따라 이 조건들 중 전자의 기반은 약화됐고, 신자유주의가 자본의 권력을 고삐 풀린 세계권력으로 만들어버린 탓에 후자의 가능성은 완전히 제거됐다. 그러나 만일 '현실 민주주의'가 비참한 상태에 빠져 있다면, 우리는 민주주의의 국가이성에 (그 어떤 것이 됐든) 무엇인가 남아 있는 것이 있는지 검토해야만 한다.

4. 민주주의의 역설들

잘 알려져 있다시피 고대 아테네의 민주주의는 아티카의 성인 인구 중 80~90퍼센트(여성, 노예, 거류민, 그리고 시민의 필수요건인 순수 혈통의 조건을 달성하지 못한 이들)를 배제했다. 그 요람에서부터 시작된 서구 민주주의의 배제는 극단적이긴 해도 예외적인 것은 아니다. 개념과 실천으로서의 민주주의는 언제나 비민주적인 주변부에 의해, 민주주의를 물질적으로 떠받치는 동시에 민주주의에 맞서면서 자신을 정의하는 통합되지 않은 기층에 의해 그 형상이 그려졌다. 역사적으로 볼 때, 모든 민주주의는 배제된 내부 집단(노예, 원주민, 여성, 빈민, 특수한 인종·종족·종교에 속하는 자들, 또는 오늘날의 불법 거주자나 외국인체류자)을 갖고 있었다. 민주주의를 정의해주는 구성적인 바깥, 즉 고대인들이 처음에 그렇게 불렀고 그 뒤로도 공산주의 국가들뿐만 아니라 민주주의 국가들의 식민지에서까지 저마다의 방식으로 되풀이해 불린 '야만인들'이 항상 있었던 셈이다. 오늘날에는 '이슬람 근본주의자들'이 그런 역할을 해준다. 서구의 민주주의자들은 심지어(그리고 특히) 서구의 탈-민주화에도 불구하고 이들을 보며 자신은 민주주의자라고 위안을 삼는 것이다. 이처럼 민주주의의 핵심에는 항상 공공연한 반反보편주의가 존재하는데, 이는 설사 민주주의를 보편화하겠다는 제국주의적 꿈이 실현되더라도 그것이 민주주의의 모양새를 띠지는 않을 것임을 암시해준다.

근대 이전의 공화제적 민주주의가 공통의 지배라는 가치(공통을 위한 공통에 의한 지배) 위에 세워졌고 평등의 원리를 중심으로 삼았다면, 근대 민주주의의 약속은 언제나 한결같이 자유였다. 대표(1인 1표)나 (민주주의에 필연적으로 내포된 것도 아니고, 거의 보장되지 않으며, 실질적인 평등과는 무관한) 법 앞의 평등이라는 극히 형식적인 의미 말고, 근대 민주주의가 평등을 내세운 적은 결코 없다. 오히려 민주주의가 주장하는 규범적 우선성의 핵심에는 루소의 어려운 내기가 있다(즉, 우리는 통치될 수 없는 개인의 자유를 집합적 정치권력에 양도하는데, 이는 우리의 개인적 자유를 실현하기 위해서일 뿐이라는 내기). 사실 인민에 의한 지배라는 약속이 자주 망각될 때조차도 오늘날 개인의 자유는 민주주의라는 단어에 가장 강력하게 결부된 환유적 연상관념으로 남아 있다.[8] 오로지 민주주의만이 우리를 자

---

[8] 토머스 홉스가 저자(author), 저자성(authorship), 권위(authority) 같은 단어들의 저 훌륭한 의미론적 간지로 만족시키려고 애쓴 것이 바로 이런 전제인데, 이를 통해서 홉스는 우리를 지배하는 절대주의 국가의 저자가 우리임을 말하

유롭게 할 수 있다. 왜냐하면 민주주의에서만 우리는 우리를 통치하는 권력의 저자일 수 있기 때문이다.

임마누엘 칸트, 루소, 존 스튜어트 밀이 그랬듯이, 근대성에서 자기-입법으로 이해된 자유는 인간 존재의 정수는 아니더라도 인간의 보편적 욕망으로 간주된다. 사실 근대 서구의 유일하게 정당한 정치 형태인 민주주의를 수립한 것은 근대성이 낳은 선험적으로 도덕적이고 자유로운 주체이다. 바로 이런 주체의 형상이 민주주의에 문자 그대로 이의를 제기할 수 없는 정당성을 만들어줬고, 계속 만들어주고 있다. 또한 이런 주체가 지닌 백인, 남성, 식민지 통치자로서의 얼굴은 근대 전체에 걸쳐 민주주의의 위계질서, 배제, [타자를] 예속시키기 위한 폭력을 허용하고 영속화했다. 따라서 민주주의의 핵심에는 노골적이고도 필연적으로 비-자유가 존재하는데, 이는 설사 모든 인민을 자유롭게 만들겠다는 제국주의적 꿈이 실현되더라도, 그것이 민주주의의 모양새를 띠지는 않을 것임을 암시해준다.

고자 했다. [홉스는 『리바이어던』의 16장에서 자연적 인격체와 인공적 인격체를 구분한 뒤 다른 사람의 말과 행동을 대표(대리)하는 개인 또는 집단을 인공적 인격체라고 정의한 바 있다. 이에 근거해 홉스는 전자와 후자의 관계를 '저자'와 '배우'의 관계로 설명하면서, 저자의 지시에 따라 주어진 역할을 행하는 배우의 '권위'는 저자로부터 나오는 것이라고 말한다. 요컨대 저자는 "말과 행동이 그 자신에게 속한" 인격체로서 '자기 자신'(자아)뿐만 아니라 '자신의 경험'을 소유하고 있다는 바로 그 이유 때문에 '권위'의 소유자이기도 하다. 홉스의 이런 비유를 더 밀고 나가면 인민은 '저자'이고 통치자는 '배우'가 된다. 한편, 홉스가 주장하는 이런 '소유적 개인주의'의 근거가 되는 것이 바로 개인의 자유이다. 왜냐하면 저자를 저자이게 해줄 수 있는 (창작의 경험을 비롯한) 자기 경험을 풍부하게 갖기 위해서는 자유가 필요하기 때문이다. 현대 저작권법의 법률적 근거도 바로 이와 같은 소유적 개인주의이다.]

5. 자유의 불가능성

근대 민주주의의 규범적 전제는 정체政體에 대한 공통의 지배를 통해 얻어진 자기-입법이다. 주체의 주권은 정체의 주권과 연결되어 있으며 서로가 서로를 보장해준다. 그런데 무엇의 입법이고, 무엇의 지배인가? 근대 후기에 규범적인(형식상으로는 비정치적인) 권력이 이론화되기 시작했는데, 칸트적 주체를 무자비하게 비판한 이 일련의 이론들은 자유를 특히나 복잡하고 난해한 것으로 만들었다. 스스로 통치하고 입법한다고 말할 수 있으려면, 우리는 무슨 권력을 다스려야 할까? 또한 이와 더불어 무엇을 입법해야 하고, 무슨 힘을 우리의 의지에 굴복시켜야 할까? 시대를 막론하고, 이런 물음에 어떻게 대답하느냐에 따라 민주주의자들은 서로 갈라졌다. 한편으로 자유주의자들은 입법을 위해 선출된 대표들을 사태의 핵심으로 간주하며 개인의 활동과 목표에서의 위반에 명확한 한계를 설정한다. 다른 한편으로 맑스주의자들은 생존수단을 집단적으로 소유하고 통제하는 것이 인간 자유의 첫 번째 조건이라고 주장한다. 급진민주주의자들은 직접적인 정치 참여를 강조하는 반면, 자유방임주의자들은 정치권력과 제도를 최소화하려고 한다.

우리를 구축하고 우리의 행동을 이끄는 한 무리의 사회적 권력과 담론을 평가하려고 우리가 선험적인 도덕의 주체라는 비유를 포기해버린다면, 자유주의의 공식에 관해 낙관하기가 불가능해진다. 인민이 법률과 대표자들에게 동의하는 것만으로는 자기-입법이라는 민주주의의 약속을 충족시키기에 불충분하다. 그 대신에 우리는 우리를 주체로서 구축하고, 우리가 현실을 파악하고 선善을 숙고할 수 있게 해주는 규범을 생산하며, 투표나 입법과정에서 우리 앞에 놓이는 선택지를 제시하는 다양한 힘을 알고 통제해야만 한다. 권력이 그저 단순히 세계를 지배하는 것만이 아니라 만들기도 한다는 사실을 이해하게 되면(또는 지배가 주체를 다스리거나 억압하는 것만이 아니라 제조하기도 한다는 사실을 이해하게 되면) 민주주의자들은 다양한 가치를 지닌 질서의 권력 깊숙이 들어가서 자유의 토대를 찾아야만 할 것이다. 우리의 시야와 통제 밖에 있는 권력이 우리 자신과 사회 세계를 끊임없이 구축한다는 단순한 사실만 생각해봐도 투표와 동의를 통해 자기-입법이 완수된다는 자유주의의 통념은 파괴될 수밖에 없다. 그러나 우리를 구축하는 모든 권력을 민주주의적으로 지배하겠다는 관념은 부조리하다. 그런 관념은 혼자 힘으로 구덩이에서 빠져나오려고 한다거나, 우리가 세계를 경험하고 인식하는 정신이라는 틀도 없이 뭔가를 파악해보겠다고 하는 것이나 다름없다. 그러므로 민주주의가 유의미해지려면 그 어느 때보다도 더 권력을 제조하는 데 더 다가서야 하며, 솔직히 말해서 상패처럼 주어진 자유를 내던져야만 한다. 이런 각도에서 보면 민주주의는 결코 완수될 수 없다. 민주주의는 (도달할 수 없는) 목표, 지속적인 정치적 기획인 것이다. 민주화는 그 서명자들에게 스스로를 만들고, 질서를 부여하고, 통치하는 권력을 공유하게끔 하지만, 그것은 언제고 끝나지 않는 과정이다.9)

---

9) 월린은 이 문제를 약간 다르게 정식화하는데, 그는 자신이 '탈주적 민주주의'(fugitive democracy)라고 부른 것, 요컨대 인민의 단편적인 표현(이에 대한 정당한 소유권은 인민 자신에게 속한다)만이 가능하다고 주장한다. 이 개념의 설

앞서 살펴봤듯이, 민주주의의 주체를 만들어내고 관리하는 자본의 힘은 푸코와 데리다에게서 영감을 받아 법이나 명령과는 다른 권력형태를 사유하려는 관심만큼이나 자유주의의 공식을 괴롭힌다. 만일 경제가 정치적인 것에 의해 무장 해제되기는커녕 정치적인 것을 지배한다면, 민주주의적 규칙이 무슨 의미가 있을까? 아니, 전지구적 자본주의 경제, 그리고 그것이 사회적·정치적·문화적·생태학적 삶을 형성하는 과정을 민주주의적인 정치적 규칙에, 또는 이 문제에 관해서라면 그 어떤 정치적 규칙에라도 종속시키겠다는 관념만큼이나 훨씬 더 환상에 지나지 않는 것이 또 있기나 할까?

요컨대 오늘날 재-민주화를 위한 전망을 타진할 때는 국가권력뿐만 아니라 자본과 (이보다는 덜 노골적인) 일련의 경제적인 규범 권력을 모두 고려해야만 한다. 그러나 역사상 이 둘을 민주화하는 데 성공했거나 심지어 지속적으로 실험한 사례는 전무하다. 그러므로 정치적 민주주의를 인간 자유의 실현이라고 계속 믿기 위해서는 민주화의 영향을 받지 않는 권력들(민주주의 이론의 지난 역사와 현재가 다분히 의존해왔던 정치적인 것의 자율성과 우선성이 거짓임을 보여주는 권력들)을 말 그대로 외면해야 한다.[10] 이에 대한 대안으로

명으로는 다음의 책을 참조하라. Sheldon Wolin, *Politics and Vision* (Expanded Edition) Princeton: Princeton University Press, 2004. 특히 17장을 참조할 것; *Democracy Incorporated*. 특히 13장을 참조할 것.

10) 이 논점을 더 자세히 설명한 것으로는 다음의 책을 참조하라. Wendy Brown, "Sovereign Hesitations," *Derrida and the Time of the Political*, eds. Pheng Cheah and Suzanne Guerlac, Durham: Duke University Press, 2009; "Sovereignty and the Return of the Repressed," *The New Pluralism : William Connolly and*

는 민주주의가 이전까지 이론화한다거나 언급한다거나 억누르려고 한 적이 없던 권력들에 대해 현실주의자의 날카로운 눈으로 집중하면서 민주주의를 사유하고 실천하는 것이 있겠다.[11] 이 두 번째 가능성의 경우에, 민주주의라는 용어를 독점하는 자유주의와의 명확한 단절은 상상하기 힘들다.

6. 인간은 자유를 원하는가? 우리는 인간이 자유롭길 원하는가?

인민의 지배를 믿는 사람들에게는 오늘날의 마지막 도전, 어쩌면 가장 심각한 도전이 있다. 앞서 말했듯이, 민주주의를 선이라고 가정하는 것은 인간 존재들이 자기-입법을 원하며, 데모스에 의한 지배가 무책임하고 집중된 정치권력의 위험을 견제한다는 가정에 기초하는 것이다. 그러나 오늘날, 표도르 도스토예스프키가 말했듯이 인간 존재가 "빵보다는 자유를" 원한다고 주장할 수 있게 해주는 역사적 증거, 또는 철학적 가르침 같은 것이 있을까? 지난 세기는 다음과 같은 사실을 보여줬다. 시장의 유혹, 규율권력의 규범, 갈수록 무제약적이고 무질서해지는 인간의 지형이 양산한 불안전 사이에서 대다수 서구인들은 훈계, 소비, 순응, 사치, 격투, 자기 삶의 저자가 되는 과제를 두고도 무엇이 되고, 무엇을 생각하고, 무엇을 해야 하는

---

the Contemporary Global Condition, eds. David Campbell and Morton Schoolman, Durham: Duke University Press, 2008.

11) 경제적인 것을 민주주의적인 정치영역에 다시 종속시킬 수 있는 가능성을 찾는 포스트맑스주의적 철학자들에 대해서는 다음을 참조하라. Brown, "Sovereignty and the Return of the Repressed," pp.263~268.

지 잠자코 듣기를 더 좋아한다. 20세기 중반에 헤르베르트 마르쿠제가 해방의 미래와 관련해 처음 명확히 밝힌 바 있는 난제가 바로 이것이었다.12) 만일 인류가 자유에 따른 책임을 원하지 않는다면, 만일 인류가 정치적 자유라는 기획에 필수적인 교육을 받지도 않고 그럴 용기도 갖고 있지 않다면, [자유를 둘러싼] 이런 욕망과 지향을 가정하는 정치를 준비함에 있어서 이 난제는 무엇을 의미할 수 있을까? 이런 조건은 권력자들의 조작에 대해, 사회적·경제적 권력들의 지배에 대해 우리가 얼마나 취약해지도록 만들까? 플라톤은 제 자신의 정치적 실존에 책임을 져야 함에도 불구하고 제대로 정신이 박히지 않는 사람들이 타락과 무절제한 방종의 저자가 되지 않을까 우려했지만, 오늘날에는 이보다 더 분명하고 걱정스러운 위험이 존재한다. 인민이 그 저자로서 만들어내는 파시즘이 바로 그것이다. 민주주의자의 껍데기를 뒤집어쓴 비-민주주의자들이 갈수록 파악하기 힘들어지는 불가항력적인 세계의 풍경 속에서 두려움과 불안에 사로잡혀 있을 뿐 자신을 괴롭히고 자신의 욕망을 조직하는 권력들의 작동에 무지하다면, 어떻게 그들이 타인의 자유와 평등은 고사하고 자신의 실질적인 자유와 평등을 추구하기 위해 투표할 것이라고 기대할 수 있단 말인가?

한편으로 우리는 민주주의적 자유를 갈망하지 않는 인민의 문제에, 다른 한편으로는 우리가 원하지 않은 민주주의의 문제에 직

---

12) Herbert Marcuse, *One Dimensional Man*, New York: Beacon, 1964. [박병진 옮김, 『일차원적 인간』, 한마음사, 2006.]

면해 있다. 오늘날의 '자유로운' 인민은 신정神政, 제국, 인종청소 같은 테러나 증오로 가득한 체제, 폐쇄적 공동체, 종족이나 이민 신분에 따라 계층화된 시민, 신자유주의의 공격적인 탈국가적 배치, 또는 민주주의적 과정과 제도를 회피하면서 사회적 질병을 치유하겠노라고 약속하는 기술관료 체제 따위에 힘을 실어주고 있다. 그리하여 앞서 언급한 두 가능성의 윤곽을 그려주는 것은 지구의 보존보다는 단기간의 만족을 좇고, 평화보다는 허울뿐인 안전을 추종하며, 집단의 번영을 위해 자신의 쾌락이나 증오를 결코 희생시키려고 하지 않는 바로 이 인민의 문제이다.

루소는 타락한 인민이 공적인 삶을 향해 가도록 만드는 것이 얼마나 어려운지를 잘 알고 있었다. 그래서 타락한 인민을 민주주의자로 개종시키는 기획에 관한 한, 민주주의에 대한 루소의 약속은 흔히 일종의 자승자박처럼 보이는 것이다. "개인이 자유롭게 되도록 강요한다"[3]는 루소의 말이 무슨 뜻인지 이해할 수 있는 방식은 많지만, 모든 방식은 주체를 자유롭게 만들겠다는 약속을 실현하기 위해서 그런 약속을 유예하는 것으로 귀착한다. 그렇지만 오늘날 무엇이 인류에게 자기 자신을 지배하라는 과제, 혹은 자신을 지배하는 권력들에 성공적으로 맞서라는 과제를 강제할 수 있을지 상상하기란 힘들다.

7. 가능성들

인민의 지배가 오늘날과 별로 어울리지 않는다고 해서 좌파에게 민주주의를 향한 투쟁을 포기하고 아예 새로운 정치형태를 창조적으로 발전시키라고 요청할 수 있을까? 그도 아니라면, 민주주의란 언제까지나 실현불가능한 거대한 이상이라고 냉철하게 평가해야만 하는 것일까? 자유, 평등, 평화, 행복처럼 민주주의 역시 결코 실현될 수 없지만 인간의 집단적 가능성을 완전히 암울하게 보지 않도록 해주는 대항마로 예나 지금이나 봉사한다고 주장해야 할까? 아니 어쩌면 민주주의는 해방처럼 시위로서만 현실화될 수 있을지 모른다. 아니, 특히 오늘날에는 응당 협치의 형태에서 저항의 정치로 좌천된 것인지도 모르겠다.

솔직히 나는 지금 잘 모르겠다. 그러나 나는 민주주의를 위한 조건을 파괴하는 권력들로부터 우리의 시선을 돌리는 슬로건을 내세울 때가 아니라고 확신한다. "민주주의를 심화하자," "민주주의를 민주화하자," "다시 민주주의로," "민주주의를 다원화하자"라고 외치거나 "도래하는 민주주의"에 투신하자고 주장하는 좌파 철학자들과 활동가들의 찬사는 그들이 이런 권력들을 직접 고려할 때만 도움이 될 것이다. 민주적으로 권력을 공유할 수 있게 해주는 최소한의 문턱이 무엇일 수 있는지, 우리가 여전히 민주주의를 믿고 있는지, 또 왜 믿는지, 민주주의가 21세기에도 생존할 수 있는 형태인지, 그리고 민주주의의 어두운 측면을 억제하는 데 보다 효과적이면서도 결코 끔찍하지는 않은 대안이 존재하는지 등에 관해 우리는 솔직하고 깊이 있게 숙고해봐야 한다. 오늘날 우리가 자기-입법할 수 있도록 공유되어야 할 권력들에 인민이 접근할 수 있는 길이 있을까? 민주주의가 약속한 자유는 인간이 바라는 어떤 것일까? 아니면 우리는 자유를 다시 바라도록 배울 수 있을까? 이 자유는 세계를 위해

4. "오늘날 우리는 모두 민주주의자이다……" 103

서 선을 낳을 수 있을까? 민주주의에게는 어떤 종류의 영토나 경계선이 필요할까? 그런 것들이 없어도 민주주의는 여전히 가능할까? 이 경계선은 점증하는 세계화와 양립할 수 있을까? 그것은 전지구적 정의라는 관념, 그리고 행성적 시민권citoyenneté planétaire이라는 관념과 양립할 수 있을까? 설령 우리가 이 모든 질문에 대답할 수 있게 되더라도, 여전히 가장 어려운 질문 하나는 그대로 남을 것이다. 민주주의가 자신의 뒤집어진 꼴을 정당화하는 겉치레 이상의 것이 된다면, 데모스는 어떻게 권력들을 식별하고 그 권력들을 공통으로 잘 다룰 수 있게 될까?

5 유한하고 무한한 민주주의
Démocratie finie et infinie

장-뤽 낭시
(스트라스부르대학교 철학 명예교수)

1 스스로를 '민주주의자'라고 부르는 것에 의미가 있을까? 분명히 우리는 다음과 같이 두 가지 방식으로 똑같이 대답할 수 있고, 대답하지 않으면 안 된다. "아니다. 조금의 의미도 없다. 스스로를 민주주의자와 다른 것으로 부르는 것이 더 이상 가능하지 않으니까." "그렇다, 물론이다. 금권정치, 기술정치, 마피아정치가 평등, 정의, 자유를 도처에서 위협하고 있으니까."

오늘날 '민주주의'는 무의미의 전형적인 사례가 됐다. 고결한 정치의 전부이자 공공선을 보장하는 유일한 방식을 대표하게 된 탓에 민주주의라는 이 단어는 그 자체의 모든 문제적 성격, 간단히 말해서 질문을 던지거나 문제를 제기할 수 있는 모든 가능성을 스스로 흡수하고 해소해버렸다. 결국 상이한 민주주의 체계나 상이한 민주주의적 감성 사이의 차이를 다루는 주변적인 논의만 남게 됐다. 한마디로 '민주주의'는 정치, 윤리, 법/권리, 문명 모든 것을 뜻하지만, 또 아무것도 뜻하지 않는다.

이 무의미를 아주 진지하게 받아들여야 한다. 게다가 동시대의 사유가 작업해야 하는 것도 바로 그것이다. 우리가 지금 하고 있는 '탐색'이 이 사실을 증언한다. 우리는 공통감각 sens commun이 오락가락 동요하는 모습을 더 이상은 두고 볼 수 없다. 우리는 민주주의의 무의미를 이성의 법정에 출두시킬 것을 요구한다.

나는 임마누엘 칸트의 은유에 기댔는데, 사실 칸트가 '지식'의 의미를 비판적으로 식별케 했던 것과 같은 것이 요구된다고 생각하기 때문이다. [칸트의 작업 이후] 어떤 식으로든 주체에 맞서 있는 객체에 관한 지식과 (아주 거칠게 말해) '객체/대상 없는 주체'의 지식을 구분하지 않는 것은 경향적으로도 불가능하다(이에 관해서는 다른 곳에서 설명하자). 하지만 우리는 '민주주의'라는 단어의 혼란스러운 무의미가 불분명하게 걸쳐 있는 두 의미, 두 가치, 두 쟁점을 앞서의 구분에 못지않게 명확하고 일관되게 구분할 수 있어야 한다.

한편으로 민주주의라는 단어는 (비유하자면 칸트적 '지성'의 체제와 유사하게) 통치와 조직[화]을 가능케 하는 실천의 조건을 가리킨다. 이런 조건을 규제할 수 있는 초험적 원리 같은 것은 없으니 말이다(이에 대해서는 '인간'도, '권리'도 초험의 가치를 가질 수 없다).

다른 한편으로, 이 똑같은 단어는 (이번에는 칸트적 '이성'의 체제와 유사하게) 인간의 이념 그리고/또는 세계의 이념을 가리킨다. 여기서 인간과 세계는 아무런 제약을 받지 않는 초험의 주체가 될 수 있는 능력, 다시 말해서 완전한 자율성을 전개할 수 있는 능력을 요청한다. 저 세상[내세]에 대한 그 어떤 서약에서도 벗어나는 것에 못지않게 자신들의 내재성을 거짓 고백하지도 않으면서 말이다('요청하다' postuler라는 동사를 사용한 데서 짐작할 수 있겠지만, 나는 여기서도 칸트와의 유비를 따랐다. 즉, 이 유비는 '신의 죽음'이라는 유한성의 체제 속에서 무한을 향해 개방되는 적법한 양태를 가리키기 위한 것이다).

확실히 이 두 번째 의미는 민주주의라는 단어에 '고유'한 것이라고 할 수 없으며, 그 어떤 사전도 이 의미를 정당화해주지는 않는다. 하지만 민주주의라는 용어가 아무것도 의미화 siginification 하지 못하는 상황에서, 그 용어의 의의 signifiance로 따라오는 것은 바로 이 두 번째 의미이다. 민주주의는 만인의 평등 속에서 만인의 자유를 촉진하고 약속한다. 이런 뜻에서 근대 민주주의는 단지 '시민'이 아니라 절대적으로, 존재론적으로 인간에 관련된다. 혹은 근대 민주주의는 시민과 인간을 경향적으로 혼동한다. 여하튼 근대 민주주의는 정치 변동 그 이상(인간학적 가치를 가질 정도로 깊숙한 문화·문명의 변동, 또 민주주의와 결합되어 있는 기술적·경제적 변동)에 해당한다. 그러므로 장-자크 루소의 계약은 정체政體만 설립한 것이 아니라 인간 자체, 인간의 인간성을 만들어낸 것이다.

2 어느 단어가 이처럼 모호하게 쓰일 수 있으려면 그 단어가 유래하고 사용되는 영역, 지금의 경우에는 정치의 영역에서 애매함이나 혼동 또는 어떤 비구분이 가능해야 한다.[1]

사실 잘 판별되지도, 결정도 안 되는 '민주주의'의 양가성은 '정치'를 구성하는 이원성이나 이중성에서 비롯된다. 고대 그리스인들에서부터 우리에 이르기까지 정치는 끊임없이 이중적인 성향을 유지했다. 한편으로는 공통의 실존에 관한 유일한 규칙, 다른 한편으로는 이 실존의 의미 또는 진리의 전제.assomption 정치는 어떤 때는 행위와 주장의 영역을 부각하는가 하면, 또 어떤 때는 실존 전제(그것은 식별할 수 없을 만큼 공통적이면서 개별적이다)를 떠맡으며 영역을 넓히기도 한다. 20세기의 정치적 임무를 완수하려는 주요 시도들이 이런 전제의 특징을 띠고 있다는 것은 전혀 놀라운 일이 아니다. 공통 존재는 관계나 힘을 관리하는 자기지양이나 자기승화로서 도래한다. 이런 지양이나 승화는 스스로를 '인민,' '공동체' 또는 그 밖의 다른 이름(그 중에는 '공화국'도 있다)으로 부를 수 있었다. 그것은 자신을 지양하려는(필요한 경우에는 분리된 영역으로서의 정치를 제거하는, 가령 국가를 흡수하거나 와해시키는) 정치의 욕망을 아주 정확히 재현한 것이다. '민주주의'의 양가성과 무의미는 바로 이 자기지양 또는 자기승화에서 비롯된다.

3 사실 모든 것은 정치 자체와 함께 시작한다. 정치가 '시작됐던 것'commencé임을 상기해야 한다. 우리는 늘 곳곳에 정치가 있다고 생각하기 십상이다. 물론 늘 곳곳에 권력이 있다. 하지만 늘 정치가 있었던 것은 아니다. 철학도 그렇고 정치도 그렇고 그리스인들이 발명한 것이다. 철학처럼 정치는 신의 현전(토지숭배와 신정神政)이 끝나면서 나온 발명품이다. 로고스[이성]가 뮈토스[신화]의 실추 위에 세워졌듯이, 정치도 신-왕의 소멸 위에 자리 잡았다.

무엇보다 민주주의는 신정의 타자이다. 이는 민주주의가 '주어진 권리'의 타자라는 말이기도 하다. 민주주의는 권리를 발명해야 한다. 민주주의는 스스로를 발명해야만 한다. 우리가 아테네 민주주의에 대해 즐겨 그렸던(그리고 그럴 만했던……) 경건한 이미지와는 달리, 아테네 민주주의의 역사는 애초부터 늘 민주주의 자체가 스스로를 걱정해야 했고, 스스로를 재발명해야 했음을 보여준다. 소크라테스와 플라톤의 모든 문제는 이 맥락에서, 그러니까 민주주의의 무능력에 종지부를 찍을 로고스의 지배 logocratie에 대한 탐구로서 생겨난 것이다. 사실 이 탐구는 많은 변형을 겪으면서 지금까지 이어졌는데, 그 변형 중 가장 중요한 것은 국가와 주권을 통해 공법의 확실하고도 자율적인 기반을 세우려는 시도였다.

주권을 인민에게 넘겨주면서 근대 민주주의는 (적어도 프랑스에서) 군주정의 '신권'이라는 겉모습에 의해 지금껏 (잘못) 감춰졌던 사실을 백일하에 드러냈다. 즉 주권은 로고스에 토대를 둔 것도, 뮈토스에 토대를 둔 것도 아니라는 사실을 말이다. 태어날 때부터 민주주의(루소의 민주주의)는 토대가 없음을 자각했다. 이것은 민주주의의 기회이자 약점이다. 우리는 이 교착어법의 핵심에 있다.

이 기회와 약점이 각각 어디에 걸리는지 따져봐야 한다.

4 먼저 민주주의가 '시민종교'를 수반하지 않고는 시작되지도, 다시 시작되지도 않았음을 지적하자.[2] 달리 말하면, 스스로를 믿었던 만큼이나 오랫동안 민주주의는 신정을 확실히 '세속화'해야 하는 것보다 더 중요한 것이 있다는 사실을 알고 있었다. 오히려 주어진 권리의 대용품이나 대체품이 되지 않고 신정과 등가적일 수 있는 것(권리를 늘 발명할 수 있도록 후견하는 증여[자]의 형상)을 발명해내야 한다는 사실을 말이다. 권리를 정초하지 않되, 권리의 정치적 창조를 축성해줄 수 있는 종교가 바로 그것이었다.

아테네와 로마는 정치적 종교 덕분에 유지됐다. 이 정치적 종교는 쇠퇴하게 됐는데, 어쩌면 바라마지 않던 일관된 후견자를 결코 갖지 못했거나 드물게 가졌을 뿐이었기 때문이리라. 소크라테스가 시민종교에 대한 불경죄로 유죄선고를 받은 것은 우연이 아니다. 그리스도교가 유대 신정과 로마의 시민종교(그것은 이미 쇠약해진 상태였으며, 공화국이라는 로마의 진정한 신앙에 자리를 내어줬다)에서 동시에 분리된 것도 우연이 아니다. 철학과 그리스도교는 고대에 시민종교가 겪은 기나긴 실패에 동행했다. 그리스도교가 새로운 신정의 자리나 시민종교의 자리가 아니라 왕좌와 제단 사이에서 애매한 분할(연합, 경쟁, 분리)의 자리를 되찾았다면, 시민종교는 (미국에서) 그 자신의 깃발을 되찾거나 (프랑스에서) 그 자신의 실례를 되찾을 수 있었다. 하지만 시민종교는 종교적이라기보다는 시민적인 채 머물 운명이었고, (['시민'이든 '종교'든] 그 단어에 관해 얘기해 봐도) 어쨌든 영적이기보다는 정치적인 채 머물렀다.

플라톤과 민주주의의 관계는 별로 주목받지 못해왔다. 흔히 사람들은 연대기상으로 첫 번째 철학자는 아닐지언정 사실상 철학을 엄밀히 정초한 플라톤을 존경하는데, 바로 이 때문에 (우리의 민주주의적 아비투스로 볼 때) 플라톤이 당시 아테네 체제에 보인 적대감을 그저 하나의 결점이나 귀족성향 탓으로 이해하곤 한다. 그러나 훨씬 더 중요한 쟁점이 있다. 플라톤이 민주주의를 비난한 비유는 민주주의가 진리에 바탕을 두지 않으며, 근본적인 정당성의 자격을 산출할 수 없기 때문이었다는 사실이 그것이다. 도시국가가 섬기는 신들에 대해 플라톤이 가졌던 불신(신들과 신화 일반에 대한 불신)은 로고스 안에서의, 하나의 로고스(단수 테오스[신]는 이 로고스의 다른 이름이 된다) 안에서의 정초가능성을 연다.

5 그러므로 하나의 선택지가 우리의 전체 역사를 가로지른다. 정치는 토대가 없으니 (권리와 함께) 그렇게 머물러야 하거나, 아니면 고트프리트 빌헬름 폰 라이프니츠의 '충족이유'처럼 스스로 토대를 놓거나. 전자의 경우, 정치는 근거(들) 없는 동기에 그친다.

안전, 자연과 비사회성으로부터의 보호, 이해관계의 접합이 그것이다. 후자의 경우, 이성 또는 이성이라고 호출된 것(신권이나 국가이성, 국가적이거나 국제적인 신화)은 스스로가 지배와 억압 속에서 공표했던 공통의 전제를 어김없이 뒤집는다.

'혁명'이라는 관념의 운명은 이런 두 측면의 절합 속에서 전개됐다. 민주주의는 정말로 혁명(정치의 기초 자체를 뒤집기)을 요청한다. 정치가 그 토대를 잃게 만들어야 하는 것이다. 하지만 민주주의는 정치의 토대라고 가정된 지점까지 혁명이 뒤집는 것은 용납하지 않는다. 따라서 혁명은 중단된다.

이처럼 중단된 혁명에 대한 사유가 최근 여러 스타일로 발전했다. 혁명적 창설(국가)과 반대되는 봉기의 순간을 사유하기, [어떤 토대의] 정초를 주장하지 않고 반란·비판·전복을 늘 갱신하는 행위로 정치를 사유하기, (말 그대로 정립되고 보장됐으며, 그리하여 진리에 토대를 둔다고 간주되는) 국가를 전복하기보다는 지속적으로 괴롭히는 것을 사유하기 등. 이 정당한 사유들은 '정치'가 인간(성)이나 세계 같은 것을 전제하지 않음을 인정한다(이제부터 인간, 자연, 우주는 뗄 수 없게 된다). 이는 근대성의 커다란 환영을 해소하는 데 필요한 일보 전진으로서, 이 환영을 해소하려는 노력은 오랫동안 국가 소멸에 대한 욕망을 통해 표현되어왔다. 요컨대 민주주의[라는 단어의 통상적인 의미]를 투사함으로써 인간(그리고 세계)은 모두 평등하고, 정의롭고, 형제애를 갖고 있고, 모든 권력에서 벗어나 있다고 보는 진리, 바로 이런 진리 자체는 [정치의] 토대가 되기에는 그다지 견고하지 않음을 보여주려는 해소의 노력 말이다.

여기서 한 걸음 더 나갈 필요가 있다. 우리는 토대도 없고, 어찌 보면 (앞의 구문을 이렇게 바꿀 수 있다면) 영구혁명 상태에 있는 정치가 자신이 권리를 행사하기에는 낯선 영역, 즉 진리나 의미의 영역이 열리도록 하는 것을 어떻게 자신의 과제로 삼는지 생각해봐야 한다. '예술,' '사유,' '사랑,' '욕망' 또는 무한과의 관계를 지시하는 지칭들, 더 정확히 말하면 무한한 관계를 지시할 수 있는 여타의 지칭들이 모두 그런 영역들을 제법 잘 가리켜준다고 할 만하다.

고유하게 정치적인 영역에 대해 위에 열거한 영역이 갖는 이질성을 사유하는 것은 정치적 필연이다. 반대로 '민주주의'(우리가 점차 습관적으로 그렇게 부르게 된 것)는 습관적으로 이 영역이나 질서의 동질성을 묘사하곤 한다. 비록 막연하고 불분명하지만 이렇게 추측된 동질성은 우리를 호도한다.

6 이야기를 계속하기 전에 잠시 언어학적인 고찰에 신경써보자. 이 고찰은 의미를 지닌 또는 역사적 우연을 담고 있는 어원학적 과정과 관련 있다(게다가 의미와 역사적 우연은 언어의 형성과 변화과정에서 잘 분리되지 않는다). 현재 사용되는 정치의 어휘가 강력한 사유의 방편을 제공한다. '인민정치/통치'[민주주의]^{démocratie}는 힘, 강제를 가리키는 접미사로 이뤄져 있다. 이 접미사는 어떤 원리에 바탕을 두고 정당화되는 권력을 가리키는 '-제'$^{-archie}$라는 접미사와는 다르다. 금권정치, 귀족정치, 신정정치, 기술정치, 전제정치, 심지어 관료정치(그밖에 중우정치, 즉 '군중권력') 같은 계열을 생각해 보면 상황은 명확해진다. 이 계열은 군주제, 무정부상태, 위계제, 과

두제 같은 계열과는 구별된다. 이 용어들의 역사를 정확하게 분석할 생각은 하지 않은 채(정확한 분석을 위해서는 법치, 사두정치,tétrarchie 중농정치, 중산정치médiocratie 등과 같은 몇몇 다른 용어도 살펴봐야 하고, 상이한 시대·수준·언어의 사용영역도 고려해야 한다), 우리는 정초의 원리를 지칭하는 것이 어떻게 지배세력을 비난하는 것과 명확히 다른지 구별한다(당연히, '신정정치'는 신의 정당한 주권이라는 관념과는 반대되는 관점에서 생각된 용어이며, 이와 마찬가지로 '귀족정치'도 '탁월한 자들'이라는 생각과 그들의 다소 자의적인 지배라는 생각의 모순을 함축할 수 있다).

반복하건대 고유하게 언어학적인 현상이 어떻든 간에, '인민정치/통치'라는 단어가 정초 원리의 가능성과 거리를 두는 듯이 보이는 데는 변함이 없다. 사실 민주주의는 본질상 무정부적인 뭔가를 내포한다. 말 그대로 이 형용모순이 정말 허락되지는 않겠지만, 우리는 그 무정부상태가 근원적이라고까지 말하고 싶다.

'인민제'démarchie는 없다. '인민'은 원리를 만들지 않는다. '인민제'는 기껏해야 모순어법이거나 군주를 없애고 인민이 스스로 원리가 되어버린 역설일 뿐이다. 또한 그래서 민주주의 제도가 참조하는 권리는 언제나 정초의 고유한 결핍과 능동적으로 관계를 맺고, 그런 관계를 갱신할 때만 사실상 유지될 수 있다. 근대 초기에는 '자연권'이라는 표현이 만들어졌다. 이 표현의 철학적 함의가 여전히 작동하고는 있다. 하지만 '인간의 권리'(또는 동물의 권리, 아이의 권리, 태아의 권리, 환경의 권리, 심지어 자연의 권리 등) 같은 표현에서처럼 암시적이고 혼동된 방식으로 작동한다.

그 내용이나 영향력이 이론적으로 잘 정립되어 있는 단언, 다시 말해서 "'인간 본성' 따위는 없다"는 단언을 그 어느 때보다 다시 긍정하고 작동시킬 시기이다. ('인간'을 자율적이고 자기목적을 가진 질서의 '본성' 관념과 대립시켜도 좋다면) '인간'에게는 '본성'nature 같은 것은 갖고 있지 않으면서도, 온갖 '자연적인'naturel 것은 지나치게 갖고 있는 주체의 특성 말고는 다른 특성이 주어지지 않았다. 죽이든 밥이든 굳이 단어로 표현해보자면, 어떤 의미에서 인간은 **탈본성화**의 주체라고 할 수 있다.

정치로서의 민주주의는 초험적 원리에 토대를 둘 수 없으며, 인간 본성의 부재에 토대를 두거나 토대 자체를 갖지 않아야 한다.

7 정치의 차원, 즉 그 행위와 제도의 차원에서 두 가지 주된 결론이 나온다.

첫 번째 결론은 권력과 상관있다. 민주주의는 적어도 권력의 특정하고 분리된 심급의 경향적인 소멸을 권리상 함축하거나 함축하는 듯 보인다. 여기서 우리는 그것이 겉보기에 그런 것인지, 실제로 그런 것인지 진단해야 한다. 허나 우리가 이미 살펴봤듯이, [권력 심급의] 분리를 제거하면 문제가 생긴다. 그런 제거가 실효를 거둘 수 있는 것은 '신과 같은 인민'un peuple de dieux에게 있어서이다. 요컨대 '평의회'(또는 소비에트) 모델의 이상적인 형태는 인민이 민회에 상시적으로 모일 수 있고, 한정된 임무만 맡는 대표자를 임명하고, 이 대표자를 영구히 소환할 수 있는 가능성에 있다. 여러 수준이나 사회적 층위에서, 다소 이런 모델로 향하는 경향이 있는 공동관리나 참여의 정식을 실천에 옮기는 것이 가능하며 바람직하다고 해도 사회 전체의 층위에서 이런 정식을 실천할 수는 없다. 그러나 이는 단순히 층위의 문제만은 아니다. 본질의 문제이다. 사회 자체는 관계들의 외부성 속에서 존재한다. 이런 뜻에서 '사회'는 단지 어느 집단의 내부성으로 통합(어느 집단의 혈족체계, 그리고 이 체계가 그 집단의 신화·형상·토템과 맺는 관계는 이 통합을 공고히 한다)되기를 멈추는 곳에서 시작된다. 심지어 이렇게 말할 수도 있다. '사회'와 '공동체'의 구별, 아니 대립(그것은 19세기 말 이후로 정식화됐으며, 인간의 '비사교적 사교성'[칸트][3]에 대한 고전주의 시대의 모든 고찰에 암묵적으로 내재해 있다)이 민주주의와 동시대적이라는 것은 우연이 아니라고 말이다. 이와 마찬가지로 농촌 생활공동체의 와해는 도시의 탄생과 무관하지 않다. 도시(폴리스)는 이미 외부성을 띤 어떤 관계 형태를 보여줬으며, 민주주의는 그 문제를 해결해야 했다.

물론 '내부성'이나 '외부성' 같은 용어를 집단의 영역뿐만 아니라 개인의 영역에서도 문자 그대로 취하는 것이 중요한 것은 아니다. 그러나 이 용어가 초래하는 표상이 받아들여지느냐 마느냐, 작동하느냐 마느냐를 해명해야 한다. 근대 사회(이 주제와 관련해 우리는 다른 일반 용어를 갖고 있지 못하다)는 사회 구성원(개인들)과 이들이 맺는 관계(이해관계와 힘의 관계)의 외부성에 따라 표상된다. 우리가 '사회,' 사회성, 사교성, 연합을 말하자마자 (형이상학은 아니어도) 어떤 전체적인 인간학이 암묵적으로 전제되는 것이다. 우리는 외부성에서 출발해 서로 연합하며, 연합이 있으면 언제든 해체가 따라올 수 있다.

또한 그렇기 때문에 사회 속에서 권력은 '정당한 폭력'의 특질을 붙잡을 뿐, 집단의 '내적' 진리와 연결될 수 있는 상징적 기능은 더 이상 붙잡지 않는 듯 보인다.

민주주의는 그 단어의 가장 강력한 의미에서(때로는 시민적이거나 그렇지 않은 종교가, 때로는 봉건적 서약이, 때로는 국민적 통일성이 상징주의의 힘을 보장할 수 있는 듯이 보였다는 의미에서) 그런 상징주의의 부재를 드러내는 권력을 아주 힘겹게 떠맡기로 결심한다. 이런 뜻에서 민주주의가 욕망하는 진짜 이름, 민주주의가 사실상 지난 150년간 자신의 지평으로서 발생시키고 짊어졌던 진짜 이름은 코뮤니즘이다. 이 이름은 모든 점에서 사회에 결핍되어 있던 공동체의 상징적 진리를 창조하고 싶은 욕망의 이름이었을 것이다. 이 이름은 어쩌면 낡아빠진 것일 수도 있는데, 나는 여기서 이 문제를 논하지는 않겠다. 코뮤니즘은 어떤 이념을 짊어진 이름이었을 것이다. 한낱 어떤 이념, 즉 엄격한 의미에서 개념이나 사유, (민주주의가 사실 그것을 따라 자신의 본질과 목적지를 물을 수 있는) 사유의 방향이라고 할 수는 없는 그런 이념.

코뮤니즘적 이상의 이런저런 '배반'을 비난만 해서는 이제 더 이상 충분하지 않다니, 천만의 말씀! 오히려 다음의 사실을 해명해야 한다. 코뮤니즘의 이념은 유토피아적이건 합리적이건 어떤 이상이 될 이유가 없었다. 왜냐하면 코뮤니즘의 이념은 사회적 외부성과 코뮌이나 공동체의 내부성(또는 상징성이나 존재론적 일관성, 이것은 모두 하나이다)의 변증법적 교대를 작동시킬 이유가 없었기 때문이다. 코뮤니즘의 이념은 사회 자체가 미결로 미뤄둔 물음을 개시할 책임을 맡았다. 정확히 말하면 상징적인 것, 또는 존재론적인 것에 대한 물음, 더 속되게 말하면 함께-있음의 의미나 진리에 대한 물음 말이다.

코뮤니즘은 정치적이지 않았으며 그럴 이유도 없었다. 코뮤니즘이 정치의 분리와 관련된다는 비난은 그 자체로 정치적이지 않았다. 코뮤니즘은 그것을 알지 못했다. 우리는 지금 그것을 알아야 한다.

그러나 이 조건 속에서 권력에 대한 환상을 품지 않는 것이 중요하다. 권력은 비사회적인 사회를 그럭저럭 유지하기 위해 마련된, 사회체社會體에 가장 외적이며, 게다가 가장 냉정하게 낯선, 심지어 가장 적대적인 욕구에 의해 유달리 사로잡힌 외적 궁여지책에 불과한 것이 아니다. 정말로 이 '신체'가 관건이다. 그 신체가 유기적인 내부성을 띤 하나인지, 겨우 조직을 이룰 수 있는 집적체인지를 아는 것이 중요하다.

권력이 조직, 관리, 통치한다고 해서 이미 권력의 고유한 영역이 분리된 사실이 비난받을 만한 일이 되는 것은 아니다. 그러므로 우리(바랄 수 있는 만큼 '코뮤니스트'이기도 한 우리)는 국가의 필연성이 지닌 의미와 오늘 다시 마주하게 된다(국가에 반대해서가 아니라, 국가와 더불어 국가를 넘어서는 다른 문제들, 예컨대 국제법 문제와 고전적 주권의 한계에 관한 문제들이 제기된다).

그러나 불가피한 것으로 귀착되는데 그쳐서는 안 된다. 권력에는 통치의 필연성 이상의 것이 있다. 거기에는 고유한 욕망, 지배충동과 그에 상관적인 종속충동이 있다. 모든 권력 현상(발언이나 이미지 등에서 볼 수 있는 정치적이면서도 상징적·문화적·지적인 권력 현상)을 정의와 형제애에 바탕을 둔 공동체의 도덕 또는 이상에 거역하는 힘들의 기제로 환원할 수는 없다(이런 종류의 고발은 우리가 행하는 권력[들]에 대한 분석 아래 어김없이 흐르고 있다). 그런 식의 환원은 문제가 되는 충동이 오로지 파괴나 죽음을 욕망하는 것과는 구별될 수 있다는 사실을 무시한다. 제어, 영향력이나 지배, 명령과 통치로 추동된다고 해서 예속, 타락 또는 파괴에 대한 열광, 이와 동시에 하나의 형태, 그리고 이 형태가 갱신할 수 있는 것을 목적으로 유지·함유·가공하고자 하는 힘과 그 일을 담당하고자 하는 열의를 고려하는 것이 금지된 것은 아니다(정신분석학에서 정확히 그것이 어떠하든 상관없이 말이다). 이 두 측면의 연접, 게다가 뒤얽힘은 피할 수 없다. 우리는 나쁜 지배와 좋은 길들임을 가려내는, 충동을 다스리는 경찰을 바라고만 있을 수도 없다. 야만과 문명은 여기서 위험하게 나란히 간다. 하지만 이 위험은 제어하고 소유하도록 추동하는 운동의 비결정성과 개방성을 보여주는 지표이다.

이 운동은 삶과 죽음, 팽창하는 주체와 예속하는 대상 모두에게 속한다. 이 운동은 자신의 욕망 속에서 존재가 자란다는 사실만큼이나 만족과 충족에서 그 존재가 무너진다는 것을 가리킨다. 가장 눈에 잘 띄는 모습을 예로 들면, 베네딕트 데 스피노자의 코나투스나 프리드리히 니체의 권력의지 등 사실상 사유 곳곳에서 (이런저런 과녁을 향해 미리 만들어지거나 예정되지 않으면 양면적일 수밖에 없는) 이 추동을 가리키는 것이 던지는 심오한 쟁점이 바로 이것이다.

물론 정치권력은 사회성, 심지어 기존에 수립된 관계에 이의를 제기하고 그것을 다시 세울 수 있는 가능성마저도 보장하게 되어 있다. 그 때문에 정치권력은 사회성이 비결정된 목적(권력 자체가 그것에 대해 권력을 갖지 못하는 목적들, 예를 들어 감각, 의미, 형태, 강렬한 욕망의 끝없는 목적)으로 통할 수도 있다는 운명에 놓여 있다. 권력의 추동은 권력을 넘어서며, 이와 동시에 권력의 추동은 권력 자체를 추구한다. 민주주의는 원리상 권력의 지양을 제기한다. 하지만 민주주의는 권력의 진리와 그것의 위대함(나아가 그것의 위엄!)으로서 그리하는 것이지, 권력 자체를 제거하려고 그리하는 것은 아니다.

8 사실 우리는 권력이 이렇다는 것을 언제나 알고 있었다. 왜냐하면 우리는 (물론 생각이 없는 단순한 참주정에서의 통치는 예외지만) 통치자들이 피통치자들의 선을 위해 통치한다고, 그래서 그 체제가 명백하게 민주적이든 아니든 도처에서 (또 다시 참주정에서는 예외지만) 권력은 인민에 맞춰져 있다고 말할 수 있다고, 언제나 생각해왔기 때문이다. 하지만 제아무리 권력의 힘을 한정한다고 해도 피통치자들의 선의 본성은 물론이거니와 그것의 형식과 내용이 결정되지는 않는다.

이 선은 본질적으로 결정되어 있지 않으며(그렇다고 해서 비결정적이라는 뜻은 아니다), 그것이 무엇이며 무엇일 수 있겠는가라는 질문(걱정이나 격정)을 다시 개시하면서 그것을 발명하거나 창조하는 운동 속에서만 결정될 수 있다. 형식이 무엇인지, 감각이 무엇인지, 어떤 실존이 던지는 쟁점이 무엇인지, 우리가 그 실존에 대해 처음에(그리고 이 처음을 우리는 항시 새롭게 취한다) 알 수 있는 모든 것은 다음의 두 명제로 요약된다.

— 이 실존은 그것에 앞서 있는 그 어떤 그림, 운명, 기획에도 조응하지 않는다.

— 이 실존은 개인적이지도 집단적이지도 않다. 실존한다는 것(또는 '존재'의 진리)은 단수들의 복수複數에 따라서만 일어난다. '존재'의 단일성에 관한 모든 요청은 단수들의 복수 속에서 파기된다.

기획도 없고 통일성도 없는 선은 감각이 생길 수 있는 형식을 항상 다시 취하는 발명 속에 있다. 감각이란 경험가능성들끼리의 상호 회부, 순환, 교환, 공유, 다시 말해서 바깥, 즉 무한을 향해 열릴 수 있는 가능성과 맺는 관계를 뜻한다. 여기서는 공통적인 것이 문제의 전부이다. 감각, 의미, 감각작용, 감정, 감수성, 육감, 이것은 공통적으로만 주어진다. 더 정확히 말하면, 그것은 공통적인 것의 조건 자체이다. 서로가 서로를 느끼기, 그럼으로써 내부성으로 전환되거나 채워지지 않고, 서로 팽팽히 긴장을 유지하는 외부성.

형이상학(또는 이렇게 말해도 된다면, 목적에 대한 관계)에 착수한다는 점에서, 시민적이든 아니든 종교로는 그 형이상학을 보장할 수 없다는 점에서, 민주주의는 감각과 의미의 쟁점이 자신의 통치 영역을 넘어선다는 사실을 민주주의 정치로 하여금 명확히 폭넓게 끌어내도록 강요한다. 이것은 공적인 것과 사적인 것의 문제도, 집단적인 것과 개인적인 것의 문제도 아니다. 이것은 공통적인commun 것, 또는 공통-됨en-commun의 문제이지, 앞서 말한 것 중 어느 하나로 딱 떨어지는 것이 아니다. 그리고 이것의 모든 일관성은 한 쪽이 다른 한 쪽과 거리를 유지하는 데 있다. 사실 공통적인 것은 세계의 체제, 곧 의미의 순환체제이다. 공통적인 것의 영역은 하나가 아니다. 공통적인 것의 영역은 감각의 질서에 대한 여러 접근들로 이뤄진다. 감각의 종류도 여럿이다. 다양한 예술, 다양한 사유, 다양한 욕망, 정서 등에서처럼 말이다. 여기서 '민주주의'가 뜻하는 바는 이 모든 다양을 하나의 '공동체'에 흡수하지 않고 받아들이는 것이다. 공동체는 이 모든 다양을 일괄적으로 묶기는커녕 반대로 그것의 다수성을, 그리고 그와 함께 무한을 펼쳐놓는다. 다양은 이 무한의 셀 수 없고, 완수될 수 없는 형태들을 구성한다.

9 정치는 근대 민주주의, 그러니까 다시 반복하건대 시민종교의 실효적인 원리에서 벗어난 민주주의의 탄생과 더불어 스스로 덫에 걸렸다. 정치는 사회의 안정성에 대한 제어(국가l'État란 그 단어의 기원을 따져볼 때 안정상태il stato이다)와 공통-되게-존재함(다시 말해서 단적으로, 절대적으로 존재함, 또는 실존함)의 모든 표현형태를 아우르는 형식에 대한 관념을 혼동하는 덫이다.

모든 형태를 아우르는 형식을 동경하는 것이 부당하다거나 헛되다는 것은 아니다. 어떤 의미에서 각각의 형식은 바로 그것만을 요구한다. 그것이 하나의 예술을 통한 것이든, 사랑, 사유 또는 지식을 통한 것이든 말이다. 그러나 각각의 형식은 본유적인, 타고난 지식을 통해 다음의 사실을 알고 있다. 모든 형태를 포괄하고 휩쓸고자 하는 동경이 자신의 진리를 선포할 수 있는 것은, 그 동경이 형태를 여러 방식으로 발전하게끔 만들어주고 소진불가능한 다양이 증식하도록 만들어줄 때뿐이라는 것을. 우리가 가진 단일성이나 종합에 대한 충동은 그것이 종착지로 수축되는 것이 아니라 팽창하고 펼쳐지려는 충동이어야 한다는 것을 잘 자각한다. 정치에 대한 어떤 이해는 종착지와 일방향으로 향하는 무게의 부담을 스스로 졌다.

선이나 욕망, 울림이나 언어, 계산이나 몸짓, 부엌이나 주름의 틀로 사물을 바라보자. 접촉이나 참조, 대조나 유비, 곧거나 꺾였거나 끊어진 길을 거쳐 다른 모든 것을 향해 열리면서 마침내 개화하는 형태의 체제 따위는 없다. 어떤 체제든 다른 형태를 흡수하거나 규합하기로 마음먹으면, 제 자신의 부정으로 향하기 마련임을 자각할 수밖에 없다. 설령 "구리가 돌연 나팔로서 각성했더라도"(아르튀르 랭보), 바이올린이 되는 것은 구리의 소관이 아니다.

그것은 형태의 형식도 아니거니와 어떤 총체성의 완수도 아니다. 반대로 **전체**는 (공백이 됐든 침묵이 됐든) 전체 그 이상(이것이 없으면 전체는 내파한다)을 요구한다. 그러나 '정치'는 그런 어떤 것이 있을 수 있다고 생각하게 내버려뒀으며, 게다가 바로 그런 까닭에 '정치'는 '모든 것이 정치'임을 긍정하거나, 그도 아니면 다른 모든 실천에 필요한 선행요인을 정치가 제공한다는 사실을 긍정함으로써 정치 고유의 구별을 제거해야 한다고 생각하게 내버려뒀다.

정치는 다른 형태들을 개방하는 형식을 제공해야 한다. 이 형식은 다른 형태들로 접근하는 조건의 선행요인일 뿐, 그 형태들의 의미를 정초하거나 결정하지는 않는다. 이는 정치를 종속시키기는커녕 정치에 최고의 임무라 할 만한 특수성을 준다. 정치는 형태나 의미사용 영역이 개화할 수 있는 가능성을 쉼 없이 갱신해야 한다. 그 대신 정치는 그 자신이 형태가 되어서는 안 되며, 적어도 다른 형태들과 같은 의미로 구성되어서는 안 된다. 사실 다른 형태들이나 의미사용 영역이 그 자체로 목적인 목적(예술, 언어활동, 사랑, 사유, 지식……)을 포괄하는 것이다. 반대로, 정치는 힘이 형태를 갖출 수 있는 터를 제공한다.

정치는 결코 목적에 도달하지 않는다. 정치는 일시적인 평형의 안정기를 가져온다. 예술, 사랑, 또는 사유는 매번, 흔히 말하듯 각각의 경우에, 스스로 완수됐다고 선언할 권리가 있다. 그러나 이와 동시에 이 완수는 각각의 고유한 영역에서만 가치가 있을 뿐 권리를 만들거나 정치를 한다고 자처할 수 없다. 이렇듯 이 영역들이 일종의 '무한한 마감'finition de l'infini에 속한다면, 정치는 무한정 l'indéfinition에 속한다고 하겠다.

10 나는 결론 없이 몇 가지 불연속적인 노트로 이 글을 마치고자 한다.

— (여기서 '예술,' '사랑,' '사유' 등으로 명명된) 정치적이지 않은 영역의 경계설정은 주어져 있는 것도, 불변하는 것도 아니다. 이 영역을 발명하고, 형성하고, 꼴과 리듬을 부여하는 것(예컨대 '예술'의 근대적 발명)은 목적을 발명, 변형, 재발명하는 체제의 소관이다.
— 정치의 영역과 여타 영역 전체 사이의 경계설정도 주어져 있거나 불변하는 것이 아니다. 예를 들어, '문화정책'은 어디서 시작하고 어디서 끝나야 하는가? 자기 안에서 '정치적' 영역의 한계에 대해 성찰해야 하는 것이 민주주의의 고유함이다.

— 내 모든 주장은 현존하는 우리 민주주의들의 현재 상태를 정당화하고 마는 듯 보일 수도 있다. 실제로 정치는 거기서 '예술,' '과학,' '사랑'의 영역과 맺는 경계선을 관찰한다. 그 영역들 사이 각각에 수백 가지 방식으로 끊임없이 개입하면서 말이다. 그러나 정확히 말하면, 우리 민주주의들의 현재 상태에서는 내가 갱신하고자 애쓰는 것(어떻게 정치는 목적을 흡수하는 장소가 아니라, 그저 그 목적의 가능성으로 통하는 장소일 수 있는가)이 결코 말해진 바 없고 성찰된 바 없다. 이런 성찰의 장소, 기관, 담론을 발명하는 것이야말로 중요한 정치적 몸짓일 수 있을 것이다.

— '민주주의'란 인류가 목적과 관계 맺는, 또는 스스로 '목적들의 존재'(칸트)로 변하는 것을 가리키는 이름이다. 이는 이성적인 인류의 자주관리를 가리키는 이름도, 이념들의 하늘에 수놓아진 결정적 진리를 가리키는 이름도 아니다. 그것은 이름, (오, 얼마나 잘못 이해된 기표이던가!) 주어진 그 어떤 목적도, 하늘도, 미래도, 그 모든 무한도 없는 상황에 노출된 인류의 이름이다. 노출된, 실존하는.

6 민주주의에 맞서는 민주주의'들'
Les démocraties contre la démocratie

자크 랑시에르
(파리8대학교-뱅센느·생드니 철학 명예교수)

당신은 민주주의가 오늘날 유례없는 합의를 누리고 있다는 통념에 동의하지 않습니다. 당신이 흔히 받아들여지는 것과는 아주 다른 방식으로 민주주의를 파악하기 때문이 아닐까요?

두 가지로 답변할 수 있겠습니다. 먼저, 제가 옹호하려는 것은 사실 민주주의를 정부형태나 사회생활 방식으로 환원할 수 없다는 점입니다. 설령 사람들이 보통 말하는 의미의 '민주주의'를 받아들인다고 해도, 민주주의의 가치에 대해 합의가 이뤄졌다는 생각은 전혀 안 드는군요. 냉전시대 때는 한쪽에 민주주의가 있고, 다른 한쪽에 전체주의가 뚜렷이 있었습니다. 그때에 비하면 장벽이 무너진 뒤 우리는 정반대로 '민주주의'라고 자임하는 나라들에서 민주주의를 향한 모종의 불신, 암묵적이거나 명시적인 조롱을 목도하게 됐습니다.『민주주의에 대한 증오』에서 저는 지배담론의 상당수가 형태는 다르더라도 공히 민주주의에 맞서고 있음을 보이려고 했습니다.

2002년 대통령선거나 2005년 유럽헌법에 대한 국민투표를 둘러싸고 프랑스에서 회자됐던 모든 말을 예로 들어보죠. 민주주의로 인한 재앙을 주장하는 온갖 담론들이 있었습니다. 무책임한 개인들, 국가 차원의 중대한 선택을 마치 향수 상표나 다른 것을 고르는 양 생각하는 하찮은 소비자들 운운하는 담론들 말이죠. 그래서 결국 헌법은 국민투표에 다시 부쳐지지 않았죠. 이 투표에 대한 커다란 불신마저 있습니다. 투표는 민주주의에 관한 공식적 정의의 일부인데도 말이죠. 그러면서 낡은 담론들이 다시 꿈틀거리며 일어나기 시작했습니다. 이를테면 무엇보다 다니엘 콘-벤디트는 민주주의가 결국 아돌프 히틀러를 야기했다고 말했죠. 게다가 소위 지식인이라 불리는 사람들이 갖고 있는 거의 지배적인 입장은 민주주의란 그 틀이 미리 정해진 소비자 개인의 군림, 보통 사람에 의한 지배라는 것입니다……. 이는 우파에서부터 극좌파까지 두루 발견되는 입장입니다. 말하자면 알랭 핑켈크로트[1]부터 티쿤[2]까지 말이죠!

그래도 모두가 자신이 민주주의자라고 하는데…….
전혀요! 사람들은 민주주의'들'을 말하고, 국가를 정의하고 있습니다. 민주주의자를 민주주의들의 적으로 놓고 있죠. 사실 이미 30여 년 전에 삼각위원회[3]가 이런 주제를 발전시킨 바 있습니다. 민주주의들, 다시 말해서 부자 나라들이 민주주의, 즉 공동체의 사무에 관여하려는 아무나 n'importe qui인 민주주의자들의 통제되지 않는 활동에 의해 위협받고 있다는 그런 주제 말입니다.

우리는 오늘날 그 용어의 기원으로까지 거슬러 올라가는 어떤 것을 목도하고 있습니다. 그 단어가 존재한 이래 합의라는 것이 있었다면, 그것은 바로 '민주주의'가 상이할 뿐만 아니라 심지어 대립되는 것을 의미한다는 관념에 대한 합의죠. 그 합의는 플라톤과 함께 시작합니다. 플라톤은 민주주의가 정부형태가 아니라 그저 제멋대로 하길 바라는 사람들의 전제專制일 뿐이라고 말했죠. 이것은 아리스토텔레스로 이어집니다. 아리스토텔레스의 말에 따르면, 민주주의는 민주주의자가 바로 그 민주주의를 실행하지 못하게 막는 한에서 좋은 것입니다. 근대에 와서 그런 합의는 다시 활기를 띠게 됩니다. 민주주의란 모든 다른 체제를 제외한다면 가장 최악의 체제라고 말하던 윈스턴 처칠의 반복되는 정식과 함께 말이죠. 그러므로 저는 합의가 있다고 생각하지 않습니다. 민주주의라는 관념을 분할하는 것으로 이뤄진 합의를 빼고는 말이죠.

저는 민주주의라는 관념을 일종의 삼각형처럼 봅니다. 꼭지점에는 각각 자유, 의회체제, 그리고 당신이 말하는 민주주의, 즉 권력을 행사할 어떤 특수한 자격도 갖지 못한 자들의 권력이 있겠죠. 이렇게나 다의적이며, 이렇게나 서로 다른 것을 포함하는 단어를 유지할 필요가 있을까요? 그것은 닳아빠진 단어가 아닐까요? 단어들의 마모는 분명 존재하니까 말입니다. '공화국'이란 단어를 예로 들어보죠. 1825년에 우리는 공화주의자를 자처하면서 왕의 목을 베었습니다. 오늘날 그 단어는 더 이상 아무 뜻도 없죠.

제 생각에 정치적 관념들의 고유함은 그것들이 다소 다의적인 데 있는 것이 아니라, 어떤 투쟁의 대상이 된다는 데 있습니다. 정치적 투쟁은 단어들을 전유하기 위한 투쟁이기도 합니다. 아주 오래된 철학적 꿈이 하나 있습니다. 오늘날 그것은 분석철학의 꿈이기도 한데, 그게 뭐냐 하면 애매모호함이나 다의성을 제거하는 방식으로 단어들의 의미를 완벽하게 정의하려는 것입니다……. 그러나 제가 보기엔 단어들에 대한 투쟁이 중요합니다. 민주주의가 맥락에 따라 다른 것들을 의미하는 건 당연한 일이죠. 평범한 프랑스 지식인에게 민주주의는 텔레비전 앞에 주저 앉은 슈퍼마켓 고객의 군림이나 다를 바 없겠죠. 하지만 제가 얼마 전에 다녀온 한국에서는 불과 20년 전에야 독재가 무너졌고, 국가기계로부터 분리된 집단적 힘에 대한 어떤 생각 같은 것이 인민이 거리를 메우는 스펙터클한 형태[가령 촛불시

위]로 옮겨지기도 합니다. 물론 민주주의라는 단어가 발명됐던 서구에서는 그 단어의 마모가 있을지 모르지만, 아시아에서 벌어지는 일들을 생각해보면 그 단어는 여전히 의미가 있습니다. 민주주의 대신 더 나은 단어를 찾아본다고 칩시다. 뭐가 있나요? 평등주의? 민주주의와 평등주의가 꼭 같은 것은 아니죠. '민주주의'는 불평등 속에 이미 들어 있는 평등입니다. 오염되지 않은 단어가 뭐가 있습니까? 제겐 어떤 단어를 버림으로써 우리가 무엇을 하는지, 우리가 어떤 힘으로 무장하고 무장을 벗게 되는지를 아는 것이 문제입니다.

당신은 민주주의가 정부형태나 사회형태가 아니라고 하는데, 결국 그것은 닿을 수 없는 어떤 이상 같은 것이 아닐까 싶은데요. 아니 어쩌면 비판적 도구, 일종의 논쟁적인 성벽파괴용 무기이거나 말이죠.

아니요. 그것은 한낱 이상이 아닙니다. 저는 늘 조제프 자코토[4]의 원리에 따라 작업합니다. 그 원리에 따르면 평등이란 하나의 전제이지 도달해야 할 목표가 아닙니다. 제가 말하려는 것은 이겁니다. 인민의 권력, 권력을 행사할 어떤 특수한 자격도 갖지 않은 자들의 권력을 뜻하는 민주주의는 정치를 사유할 수 있게 해주는 것의 토대 자체입니다. 만일 권력이 더 똑똑하고, 더 강하고, 더 부유한 자들의 소관이라면, 우리는 더 이상 정치에 있는 것이 아닙니다. 그것은 장-자크 루소의 논변이기도 하죠. 가장 강한 자의 권력은 권리라고 서술될 필요도 없습니다. 가장 강한 자가 가장 강한 자이면, 그 권리는 그냥 부과되면 그뿐이니까요. 달리 정당화할 필요가 없죠. 제 생각에 민주주의란 평등 전제이며, 우리의 것과 같은 과두적 체제조차도 바로 그 전제 위에서 스스로를 다소 정당화해야만 합니다. 맞습니다. 민주주의에는 비판적 기능이 있습니다. 그것은 지배체corps de la domination에 이중으로(객관적이자 주관적으로) 박아 넣은 평등의 쐐기입니다. 그것 때문에 정치는 단순히 치안으로 변형되지 않을 수 있죠.

『민주주의에 대한 증오』 마지막 페이지에 당신은 이렇게 썼습니다. "평등한 사회란 지금 여기에서 독특하고, 불안정한 행위들을 통해 묘사되는 평등주의적 관계들의 집합과 다르지 않다."[5] 이것은 「정치에 대한 열 가지 테제」의 한 구절을 연상시킵니다. 당신에게 정치는 민주주의와 아주 가까운 개념이니까요. "정치란 지배형태들의 역사에서 항상 임시적인 사건처럼 도래한다."[6] 『불화』의 말미에는 이런 구절도 나옵니다. "정치란 그것의 특정성에 있어서 드물다. 그것은 늘 국지적이며 우연한 것이다."[7] 민주주의, 불안정하고 임시적이며 우연적인 정치 …… 갑작스럽고, 짧으며, 내일이 없는 이런 돌발들. 이는 해방운동에 대한 비관적인 시각이 아닌가요?

제가 짧고, 내일 없는 돌발들에 대해 말했다고 생각하지는 않습니다. 저는 어떤 출현들이 있고, 이어서 모든 것이 진부함의 나락으로 떨어지는 역사의 시각을 제안하는 것이 아닙니다. 당신이 인용한 구절에서 저는 단지 평등이란 그것의 영역을 그리는 실천의 집합으로서 존재한다고 말하려 했습니다. 평등의 현실로서의 평등의 현실만이 있는 것입니다. 저는 평등이 바리케이드 위에서만 존재하고, 이 바리케이드가 한 번 무너지면 모든 것이 끝나고 우리는 결국 다시 무기력한 침체상태로 돌아간다고 말하려던 것이 아닙니다. 저는 사건의 사상가, 돌발의 사상가가 아닙니다. 오히려 저는 해방의 사상가입니다. 해방에는 어떤 전통이나 역사가 있는데, 그것은 단지 번쩍이는 위대한 행위로 이뤄지지 않습니다. 오히려 국가형태, 합의형태 등과는 다른 공통적인 것의 형태를 창조해내기 위한 탐구로 이뤄집니다. 물론 시간성을 구획짓고, [새로운] 시간성을 열어젖히는 사건들도 있죠. 예를 들어 1830년 7월의 사흘[8]로 인해 어떤 공간이 열렸으며, 바로 그곳으로 노동자협회들이 휩쓸려 들어갔고, 이어서 1848년의 봉기나 코뮌이 일어나기도 했습니다.

평등은 이런 것을 통해서, 즉 그것의 현실성 속에서 존재하는 것이지 훌륭한 전략이나 올바른 지도, 뛰어난 지식 등으로 도달할 수 있는 하나의 이상으로서 존재하는 것이 아닙니다. 솔직히 이런 태도가 왜 다른 것들보다 더 비관적이라고 하는지 이해가 되질 않네요. 이탈리아에 있는 다수의 대규모 혁명전략을 보세요. 어떻습니까? 실비오 베를루스코니가 정권을 잡았습니다. 장래의 열쇠를 쥐고 있다고, 기막힌 정치전략을 갖고 있다는 자들 모두에게 언젠가 해명을 요구해야 할 것입니다. 오늘날 우리에게 닥친 일에 대한 해명 말이죠. 그들은 낙관주의자이고 저는 비관주의자인지, 그들은 현실주의자이고 저는 몽상가인지……. (웃음)

당신 같은 사람은 문서고에서 많이 작업하긴 했지만, 당신의 기차가 그렇게까지 과거에 매달려 있다는 생각은 안 드는데요.
아닙니다. 저는 해방의 전통이 있다고 생각합니다. 제가 연구하려는 것은 바로 그 전통입니다. 전략적이고, 레닌주의적이며, 패거리적인 시각이 몰수했던 것과는 다른 전통이죠. 저는 끊임없이 역사적 필연이라는 관념에 맞서 싸웠습니다. 제가 문서고에서 작업하고 나서 배운 것이 하나 있다면, 역사란 삶밖에 갖지 않은 자들이 만드는 것이라는 사실입니다. 이를테면 역사는 아무것도 하지 않고, 아무것도 말하지 않습니다. 역사라 불리는 것은 자기 자신의 삶, 자기 자신의 경험에서 출발해 어떤 시간성을 구축하는 사람들이 짜는 것입니다. 사람들은 노동자계급이나 노동자운동 같은 커다란 주제의 역사를 이야기합니다. 하지만 사실 전승과정에서 단절이 있기도 하고, 과거와 이어진 끈이 끊어지기도 하고, 나중에 재구성되기도 합니다……. 단적으로 1968년 이후에 벌어진 일을 보세요. 배반과 저주의 시대가 지나고, 이제 새로이 1960년대에 무슨 일이 벌어졌는지 궁금해하고, 마오쩌둥주의를 재발견하는 세대가 생겨나고 있습니다. 이 새로운 세대는 다른 맥락에서, 상이할 뿐만 아니라 우발적인 전승형태를 통해 어떤 단어들, 그리고 그 단어들과 이어진 어떤 희망들에 다시금 의미를 부여하려고 애쓸 것입니다.

(인터뷰 정리: 에릭 아장)

7 민주주의를 팝니다
Démocratie à vendre

크리스틴 로스
(뉴욕대학교 비교문학 교수)

1. 쿠훌린,[1] 쿠시네에 맞서다

나는 민주주의자인가? 적어도 루이 오귀스트 블랑키가 1852년 글을 쓰던 당시까지 (블랑키가 말했듯이) '민주주의자'는 '정의가 내려지지 않은' 단어였다. "그렇다면 내가 말하는 저 '민주주의자'란 무엇이란 말인가? 그것은 모호한데다가 진부하며 특정한 의미도 없는 말이네. 고무처럼 쭉쭉 맘대로 늘어나는 말."1)

우리 시대에 '민주주의자'는 덜 고무 같은 말일까?

2008년 6월 12일, 유럽헌법과 관련해 유일하게 국민투표를 실시한 나라였던 아일랜드는 투표 결과 리스본조약을 부결시켰다.[2] 유럽헌법제정조약의 주요 입안자 중 하나인 발레리 지스카르 데스탱은 (영어본의 경우 312쪽에 달하는) 리스본조약의 전문이 약 3년 전 프랑스와 네덜란드 역시 국민투표를 통해 부결시킨 이전 판본과 거의 달라진 것이 없다는 사실을 최초로 인정했다. "[유럽헌법 제정을 위한] 도구는 정확히 똑같았다. 도구상자 속의 순서만 바꾸었을 뿐이다."2) 요컨대 프랑스와 네덜란드가 부결시킨 뒤 똑같은 조약을 놓고 재투표가 실시된 셈이다. 주요 언론매체들이 자주 언급했던 것처럼 이번 같은 경우 (이제는 프랑스와 네덜란드까지 포함해) 다른 모든 나라가 대표들[의회]에 의해 민심을 대변했던 반면, 이 조약에 대한 찬

---

1) Louis Auguste Blanqui, "Lettre à Maillard"(6 juin 1852), *Le Cri du peuple*, no.1~3, octo-bre 1885; *Œuvres complètes: Écrits sur la révolution*, éd. Arno Münster, Paris: Galilée, 1977, p.355. 재인용.

2) Valéry Giscard d'Estaing, "La boîte à outils du traité de Lisbonne," Blog de Valéry Giscard d'Estaing (www.vge-europe.eu), 26 octobre 2007.

반 여부의 결정권을 국민투표 실시처럼 국민에게 준 것은 아일랜드 헌법에서 '기이한 일'이었다. 유럽의 언론들 사이에서는 아일랜드의 투표를 점점 더 의혹의 눈초리로 보는 기운이 뚜렷해졌는데, 그들이 보기에 이 '기이한 일'은 대중들이 비이성적이고 파괴적인 행위를 할 수 있는 잠재적인 계기가 될지 모를 일이었다. 결국 아일랜드인들도 제3세계인들처럼 올바른 선택을 할 수 있을 만큼 정치적으로 세련되지 못했다는 것이다. 즉, 그들은 민주주의를 할 준비가 안 되어 있었던 셈이다. 이 국민투표가 있기 며칠 전, 프랑스 외무장관 베르나르 쿠시네가 아일랜드인들은 자신들을 수렁에서 건져준 유럽의 은혜에 보답하는 마음으로라도 어쩔 수 없이 찬성표를 던져야 할 것이라고 제멋대로 아일랜드인들에게 못 박았을 때, 이미 이런 의혹은 끓을 만큼 끓어 있었다. 쿠시네는 이렇게 덧붙이기까지 했다. "유럽의 돈에 그토록이나 많이 의존해온 아일랜드인들을 믿을 수 없다고 말하는 것은 양식 있는 사람들을 매우 당혹스럽게 만들 뿐입니다."[3] '양식 있는 사람들,' 짐작컨대 정치란 조약·정상회담·위원회 등으로 이뤄진 국가간 경기임을 배워서 알고 있는 다른 유럽인들과 이제 브뤼셀의 현금을 떼어먹은 불한당처럼 되어버린 아일랜드인들을 갈라놓은 쿠시네의 이 구분법은 이미 그보다 며칠 전 다니엘 콘-벤디트가 선보인 바 있다. "아일랜드인들은 유럽으로부터 모든 것을 얻었습니다. 그런데 그 사실을 모르고 있더군요."[4]

---

[3] (Entretien avec Jean-Michel Aphatie) Bernard Kouchner, "Tout le monde se tourne vers l'Europe au moment où on la refuse à l'intérieur," *RTL* (www.rtl.fr), 9 juin 2008.

테크노크라트들이 지배하는 '새로운' 유럽의 언어는 옛 제국 식민주의자들의 수사법을 노골적으로 반복하고 있다. 요컨대 아일랜드인들은 배우지도 못하고 가르치기도 힘든 사람들, 그들의 가장 적절한 반응은 오로지 지도자에게 감사하는 것밖에 없는 사람들[즉, 옛 피식민지인들]의 가장 최근 모습처럼 여겨지고 있는 셈이다. 그러나 여기에는 새로운 비틀림이 있다. 아일랜드인들의 유럽헌법 지지는 지금까지 이뤄진 투자에 대한 상환의 의무인 것처럼 간주된다. 그러니까 EU는 투자에 대한 수익을 원하는 것이다. 들리는 바에 따르면 니콜라 사르코지 프랑스 대통령은 보좌관들에게 이렇게 말했다고 한다. "빌어먹을 아일랜드 바보 놈들. 몇 년간 유럽 돈으로 게걸스럽게 처먹더니 이제 와서 똥을 우리에게 싸대는군!"5)

이 국민투표는 전문가들이 만든 텍스트를 잘 보지도 않고 승인하는 연습일 뿐이라고 여겨졌다. 그러나 아일랜드인들은 이 투표를 진정한 투표로 만들려고 작정했다. 리스본조약을 거부하고 강대국들에게 발맞춰주기를 거절한 이들의 결정에서 반둥회의의 메아리를 듣는 사람도 있을지 모르겠다. 요컨대 아일랜드인들은 스스로 단순한 소수파가 아니라 다른 부류의 소수파, 즉 자신들의 최근 역사가 식민지의 역사였던 사람들이 되려고 했다.[3] 이 국민투표 이후 사람들은 이 조약의 승인이 좌절된 이유를 이렇게 일반적으로 설명했다.

---

4) (Entretien avec Marion Van Renterghem) Daniel Cohn-Bendit, "On est dans des sociétés à logique égoïste" *Le Monde*, 7 juin 2008.
5) Charles Bremner, "Nicholas Sarkozy Aims to Rescue the EU in Style," *The Times*, June 20, 2008; *Le Canard enchaîné*, 19 juin 2008. 재인용.

즉, 당신들 머리로는 이해할 수 없으니 당신들보다 잘난 관리들이 알아서 처리하게 놔둬라, 라는 식으로 사전에 통보된 무엇인가를 유권자들은 승인하기 싫어한다는 것이다. '반대'를 선택한 어느 유권자의 말을 빌리면, "이 조약이 승인되지 않은 이유는 아일랜드 유권자들이 당최 읽기조차 힘들어 했던 내용으로는 결코 우리의 환심을 살 수 없었기 때문이다. …… 이 조약은 우리가 이해하지 못하도록 고의적으로 이렇게 작성된 것이다."[6] 간단히 말해서 이처럼 복잡한 통치방식의 문제는 전문가들, 즉 테크노크라트들에게 맡기는 형태로 유권자들끼리 소통하기 위해서 고의적으로 이렇게 만든 것이다.

EU 관리들은 이 국민투표 결과를 두고 곧 '포퓰리즘'이라고 비난했다. 그들의 주장에 따르면 아일랜드인들은 재투표를 해야만 했다. 짐작컨대 올바른 결과가 나올 수 있을 때까지 말이다. 데스탱과 사르코지 역시 곧바로 새로운 투표를 요구했다. 데스탱은 방송에서 이렇게 말하기도 했다.

데스탱 아일랜드인들이 의사표명을 다시 할 수 있어야만 합니다.
데모랑 이미 의사표명을 한 아일랜드인들에게 재투표를 시키는 것은 근본적으로 당신의 생각에 위배되지 않습니까?
데스탱 사람들은 [때가 되면] 재투표를 하며 시간을 보냅니다. 그렇지 않았다면 공화국의 대통령들은 종신직이었을 테지요.[7]

---

[6] Daniel Hannan, "A Second Irish Referendum? I Don't Think So," *Telegraph. co.uk*, June 23, 2008. 본문의 인용문은 '보스코'(Bosco)라는 아이디로 올라온 이 기사의 댓글이다.

때때로 이 세상에서는 재투표가 늘 있는 일이기도 하다. 결국 리스본조약 자체도 프랑스와 네덜란드가 [유럽헌법제정조약을] 부결시킨 뒤에 실시된 재투표의 결과물 아닌가. 조지 W. 부시와 앨 고어가 격돌한 2000년 미국 대통령선거 때처럼 또 어떤 경우에는, 재투표를 실시하거나 심지어 득표수를 다시 계산할 시간조차 없기도 하다. 내가 살고 있는 [뉴욕 주] 허드슨 밸리의 가난한 농촌 지역에서는 실제로 심심풀이 삼아 재투표를 하기도 한다. 학생 1인당 교육비나 공통시험 결과 등을 기준으로 볼 때, 우리 군(郡)은 미시시피 주나 앨라배마 주의 다른 군들과 더불어 교육제도의 평균 수준이 거의 밑바닥이다. 그러니까 우리 군은 최고로 많은 돈을 써서 최악의 결과를 낳고 있다. 매우 드문 일이지만 관료들과 관리자들에게 책임을 묻기 위해서 [교육비가 부풀려진 것처럼 또 다시] 부풀려진 학교 예산안에 유권자들이 '반대' 투표를 하는 경우에조차도, "우리 아이들을 포기해서는 안 됩니다"라고 경고하는 새로운 합창소리와 더불어 끝내 통과할 때까지 달이면 달마다 정확히 똑같은 예산안이 계속 투표에 부쳐졌다.

그렇다면 오늘날 실제로 존재하는 대의민주주의에서는 '재투표'가 전혀 드문 일이 아니다. '아니오'[반대]가 진짜로 '아니오'를 의미하지 않는 것은 명백하다. 아일랜드의 국민투표 이후 벌어진 일들 중 주목할 만한 점은 일반투표에 의해 사망선고를 받은 조약이 여전히

---

7) (Entretien avec Nicolas Demorand) "France Inter: L'avenir européen, selon Valéry Giscard d'Estaing," *Radio France* (sites.radiofrance.fr/franceinter/accueil/), 24 juin 2008.

생생히 살아 있다는 사실이라기보다는 이 선거를 진지하게 받아들인 아일랜드인들이 (EU의 과두제 집권층이 보기에는) 민주주의적 투표권을 행사함으로써 의회의 권력이 아니라 민주주의 자체에 맞서는 일격을 가했다는 점이다. 당시 유럽의회의 의장이었던 한스-게르트 푀터링의 말을 들어보자.

> 아일랜드의 국민 과반수가 이런 EU의 개혁조치들이 필요함을 확신할 수 없었습니다. 이는 더 위대한 민주주의, 더 뛰어난 정치적 효율성, 더 분명하고 투명한 EU의 의사결정 방식을 달성하고 싶어 했던 사람들에게는 대단히 실망스러운 일입니다.[8]

숫자가 이 점을 증명해주는 듯했다. 유럽 인구의 0.2%도 안 되는 86만2천4백15명[당시 유효 유권자 1백61만4천8백66명의 53.40%]의 아일랜드인들이 5억 명[현재 약 7억9천 명]에 달하는 유럽인들을 볼모로 잡은 셈이다. 그래서 프랑스와 독일 같은 큰 국가의 지도자들은 다음과 같이 반응했다.

> 소수파 중에서 소수파이고, 또 거기에서도 소수파에 불과한 사람들이 유럽의 막대한 다수파를 엿 먹이도록 가만히 놔둘 수는 없다(악셀 샤퍼 | 독일 연방의회의 독일사회민주당 지도자).[9]

---

[8] Press Service, "Pöttering Hopeful Reforms Still Achievable before 2009 Euro-elections," *Institutions*, June 13, 2008.
[9] Derek Scally, "Berlin Sees Second Vote as Way Out," *Irish Times*, June 14, 2008.

몇 백만 명밖에 안 되는 아일랜드인들이 4억9천5백만 유럽인들을 대신해 결정할 수는 없다(볼프강 쇼이블 | 독일 내무장관).10)

아일랜드처럼 거주자가 4~5백만 명 정도인 나라가 4억9천여 명의 시민들로 이뤄진 국가연합을 볼모로 삼을 수는 없다(장 다니엘 | 프랑스의 유력 언론인).11)

자, 아일랜드의 강도들이 볼모로 잡은 5억여 명의 유럽인들 중에는 아마 이들보다 앞서 유럽헌법에 반대표를 던졌던 프랑스인들과 네덜란드인들도 포함될 수 있을 것이다. 그러나 더 이상 시시콜콜 숫자를 따지지는 말자. 보다 흥미로운 사실은 지배엘리트들이 최고조로 공황상태에 빠진 가장 최근의 역사적 시기, 즉 1960년대에 첫 선을 보인 이래 잇따른 위기 시기 때마다 전략적으로 불려나온 친숙한 캐릭터이자 담론이 만들어낸 형상의 재등장을 볼 수 있다는 것이다. '침묵하는 다수'가 바로 그것이다. '침묵하는 다수'가 등장했을 때, 이 세계는 숫자와 도덕에 관련된 용어로 그 세력을 설명했던 양적인 논리에 따라 둘로 쪼개져 있었다. 조용하고, 부끄러워하고, 이제 '억압된' 다수는 낙인이 찍힌 시끄러운 소수로부터 '법'을 보호해야만

---

10) DW staff, "German Minister Calls for More EU Transparency," *Deutsche Welle*, June 15, 2008.
11) Dominique Guillemin et Laurent Daure, "L'Introuvable souveraineté de l'Union européene," *L'Action Républicaine* (action-republicaine.over-blog.com/archive-07-3-2008.html), 3 juillet 2008.

했다. 또는 전복적이고 파괴적인 소수가 시민정신을 갖춘 다수의 유럽인들을 이용하고 있었다. '침묵하는 다수'는 그 수가 가장 많은 집단이 스스로 말하기보다는 누군가에 의해 대변될 때, 소수의 목소리가 갈수록 권위를 잃어가고 정당성을 빼앗길 때 등장한다.12)

'침묵하는 다수'라는 용어의 기원을 추적한 프레데릭 바는 베트남전쟁에 반대하는 시끄러운 가두시위에 대응할 목적으로 리처드 닉슨과 스피로 애그뉴의 입에서 튀어나온 바로 그 순간에 이 용어가 발명됐다고 본다. 바의 지적에 따르면, 프랑스의 경우에 이 용어는 1970년 '반反폭동법'[4]의 내용 중 민주주의의 일반적인 상을 요약한 구절 속에 기재되면서 처음 사용됐다.

우리의 민주주의에서는 소수가 이 땅의 침묵하는 다수에게 자신의 법을 부과하지 못하게 모두가 막아야 한다. 다수가 순진한 양에 불과하다면, 기존의 법에 아랑곳없이 자신의 법을 부과하는 대령들이나 행동하는 소수가 지배하는 체제에서 살게 될 것이다.13)

그러나 바는 5~6월 봉기가 한창인 1968년 5월 19일 '침묵하는 다수'라는 형상을 (은밀한 형태로) 불러낸 것은 다름 아니라 당시 [오베르뉴 현] 퓌드돔 주의 국회위원 데스탱이었다고 지목한다.

---

12) Frédéric Bas, "La 'majorité silencieuse' ou la bataille de l'opinion en mai-juin 1968," *68: Une histoire collective*, dirs. Philippe Artières et Michelle Zancarini-Fournel, Paris: La Découverte, 2008, pp.359~366.
13) Bas, "La 'majorité silencieuse' ou la bataille de l'opinion en mai-juin 1968," p.361.

이 나라 전역을 뒤덮은 이 심각한 상황에서 저는 학생, 노동자, 남성, 여성의 최대 다수의 관점에서 제 입장을 표명하렵니다. 이 최대 다수는 질서가 회복되고, 자유가 보호받기를 바라고 있습니다. ······ 질서, 자유, 진보를 사랑할 뿐만 아니라 무질서와 독단에 빠지지도 않은 프랑스인의 최대 다수는 지금까지 침묵하고 있었습니다. 그러나 필요하다면 이제는 기꺼이 말해야 합니다.14)

1960년대에 정부 관료들은 이 정확히 가늠하기 쉽지 않은 '최대 다수'의 침묵을 무질서나 독단에 대항하는 양식의 보루라고 자신 있게 해석하거나 복화腹話했다. 소수는 가두에서 "말을 장악"했지만, 그 가치가 대단히 높아진 다수의 침묵은 어마어마한 예비군 역할을, 합법적인 방식으로 제 목소리를 내라고 요청받기 전까지 억눌려 있던 바로 그 세력의 역할을 했다. 즉, 투표라는 방식으로 말이다. 2008년 침묵하는 다수, 유럽의 '최대 다수'는 지배엘리트들이 자신만만하게 해석한 바로 그 의미대로 자신들의 침묵이 해석되고 있다는 사실을 깨달았다. 그렇지만 이제 그들의 침묵은 부득불 영원히 계속될 수밖에 없다. 소리 없는 동의로서의 민주주의로. 자신들의 정치적 발언권을 박탈당한 사람들이 '협치'gouvernance(1990년대경 엄청나게 홍보된 개념)가 모든 이를 이롭게 해주리라 믿으며 별 불편 없이 행동하는 상황이 온 것이다. 협치라는 것이 실제로는 가장 막강하고 부유한 계급이 휘두르는 무소불위의 권력으로 이뤄져 있는

---

14) Bas, "La 'majorité silencieuse' ou la bataille de l'opinion en mai-juin 1968," p.363.

데도 불구하고 말이다. 사실 우리는 아일랜드의 국민투표를 다른 방식으로 볼 수도 있다. 법을 무시하고 폭력적이기 그지없는 민주주의의 유령이 들러붙었다고 여겨진 아일랜드인들은 끊임없는 재투표를 위해서 투표라는 방식으로 (다른 모든 이의 권리뿐만 아니라) 자기 자신의 권리까지 포기하기를 강요받은 것이 아닐까. ['침묵하는 다수'라는] 세력을 도와서 지배적인 관료체제, 실질적으로 뚫고 들어갈 수 없을 만큼 민주주의의 의무로부터 격리된 관료체제를 완성시킴으로써 말이다. EU는 아일랜드에 투자했고, 그 투자에 대한 수익으로 요구한 이자는 투표권의 폐기였다. 그도 아니라면 거의 그와 똑같은 것, 즉 제대로 된 투표 결과(즉, 리스본조약 승인)가 나올 때까지 계속 투표하라는 의무였다. 협치(국가의 경계를 넘어 저 멀리 어딘가에 있기에 그 어떤 노동자 단체도 그에 맞서 직접 싸울 수 없도록 창조된 유럽의 관료체제)는 부유한 사회 혹은 저개발된 사회의 급진적인 소수가 어떤 식으로라도 기존 체제를 뒤엎지 못하도록 막기 위해서 고안된 것이다.

1968년 당시 가두에서 직접민주주의에 가담했던 '행동하는 소수'의 대부분은 선거, 낡았고 끊임없이 의례화되는 대의민주주의의 저 활동을 (장-폴 사르트르의 유명한 말을 빌리면) '바보들을 위한 덫'[5]이라고 여겼다. 우리 시대와 1960년대 사이의 격차는 무엇보다도 보통선거권이 점진적으로 해체되어가고 있음을, 다시 말해서 보통선거권이 가져올 불쾌한 결과를 상쇄시키고 인민의 의지와 그 의지의 표현을 '합리화'하기 위해서 '대의'민주주의의 유효성까지 박탈해버리려는 시도가 벌어지고 있음을 보여준다. '합의'라는 용어로는 사람들을 침묵(동의로서의 침묵)하게 만드는 사회화 과정이 실제로 무엇인지를 더 이상 적절하게 묘사할 수 없다. 그러나 투표함조차 무기가 될 수 있는 것을 생각한다면 이 용어는 브리콜라주하는 것 같은 데모스[인민]^{demos}의 창조적 능력에 대해서도 시사해주는 바가 있다. 곧 민주주의는 일체의 정치형태 중 가장 복잡한 것을 통해서 다시 효력을 발휘할 수 있다는 사실을 말이다. 데스탱이 분명하게 밝힌 바처럼, 사람들이 속수무책일 때에는 유행에 뒤떨어진 [선거라는] 의례를 진지하게 받아들임으로써 투표조차도 곧바로 '탈주적 민주주의'가, 평범한 시민들의 정치적 잠재성이 될 수 있다.[15) 투표는 이 세상의 민주주의를 통치하는 존재가 자신이라고 말하는 어떤 '유럽'(평화와 정의, 특히 민주주의를 환기시키는 것으로 판매되는 상품명)이 인민주권을 향해 가하는 반민주주의적 공격에 사용되는 무기로 여겨질 수도 있다.

2. 민주주의를 팝니다

근대에 수용되어온 민주주의란 투표, 다수의 법으로 문제를 해결하는 권위, '최대 다수'의 법에 의한 지배로 이해된다. 그러나 자크 랑시에르의 『무지한 스승』을 읽어본 사람들이라면 익숙해할 또 다른 민주주의 이해방식이 있는데, 그것은 양적이지도 않고 통제와도 관련 없는 권력의 의미를 담고 있다. 이때의 권력이란 일종의 잠재성

---

15) Sheldon Wolin, "Fugitive Democracy," *Constellations*, vol.1, no.1, April 1994, pp.11~25.

혹은 권능화, 즉 평범한 사람들이 공통 관심사를 실현할 행동양식을 발견할 수 있는 능력이다. 랑시에르와 조제프 자코토의 만남, 이 만남을 계속 갱신하는 랑시에르의 노력은 실제로 보다 포괄적이고 도발적인 '민주주의'라는 단어의 원래 의미를 사용할 수 있게 도와줬다. 즉, 무엇인가를 할 수 있는 능력, 바로 이것이 민주주의의 원래 의미이다. 민주주의는 통치형태의 일종이 아니다. 그리고 숫자(폭군과도 같은 다수나 소수의 선동가)에도 관심을 두지 않는다. 조시아 오버가 지적하듯이, 고대 그리스에서 정치권력을 지칭하는 세 개의 주요 용어(군주제,^{monarchia} 과두제,^{oligarchia} 민주주의^{demokratia}) 중 오직 민주주의만이 숫자에 무관심하다. 군주제의 [어근인] '모노스'^{monos}란 일인 지배를 지칭하며, 과두제의 '호이 올리고이'$^{hoi\ oligoi}$는 소수의 권력을 지칭한다. 오직 민주주의만이 "[지배자의 수가] 얼마나 많으냐?"라는 질문에 답하지 않는다.16) 데모스의 권력은 주민 전체의 권력도, 다수의 권력도 아니다. 오히려 아무나$^{n'importe\ qui}$의 권력이다. 아무나는 지배받는 자의 명칭이자 지배하는 자의 명칭이다.

    그렇지만 "무엇인가를 할 수 있는 능력"으로서의 민주주의가 숫자의 규칙에서 자유롭다고 하더라도, 그것 역시 이 세상을 둘로 갈라놓는 기존의 것과 같은 구분법을 전제하는 것이 아닐까. 집단적인 의사결정에 참여할 능력을 지녔다고 규정된 사람들('유력자들'), 그리고 그런 능력이 없다고 말해지는 사람들로 말이다. 민주주의는

---

16) Josiah Ober, "The Original Meaning of 'Democracy': Capacity to Do Things, Not Majority Rule," *Constellations*, vol.15, no.1, March 2008, pp.1~9; 자크 랑시에르, 양창렬 옮김, 『무지한 스승: 지적 해방에 대한 다섯 가지 교훈』, 궁리, 2008.

이런 구분이 정치적 삶을 조직하는 근거라는 생각을 거부한다. 민주주의는 유력자들 사이에 존재하지 않는다고 규정된 사람들의 평등을 주장한다. '유력자'는 전 역사를 통해 여러 가지 방식으로 규정되어왔다. 고귀한 태생을 지닌 자, 전투력을 보여준 자, 부를 소유한 자, 혹은 복잡한 지식이나 경영 능력을 지닌 자 등. 그리고 이매뉴얼 월러스틴이 상기시켜줬듯이 누구를 '유력자'에 포함시킬지 결정하는 방식은 늘 '유력자들'의 에토스나 생활방식과 관련된 가정을, 예를 들어서 그런 사람들은 '고상한' 본성을 타고났다는 식의 가정을 수반해왔다.[17]

1852년 당시 '민주주의자'라는 명칭의 고무와도 같은 성격을 불평했을 때, 이미 블랑키는 그때부터 이 명칭이 겪기 시작했던 엄청난 변형(제2제정[1852~70년]부터 그 이후까지 지속됐던 변형)을 지적했던 셈이다. 그 이전까지만 해도 이 명칭은 1789년의 혁명적 유산을 간직하고 있었다. 요컨대 '민주주의자'는 1830~40년대의 수많은 극좌 단체들에게 붙는 꼬리표였다. 그러나 제2제정 동안 제정권력은 부르주아지의 '질서파'[6]에 맞서 스스로 진정한 '민주주의'라고 불렀던 것을 내세움으로써 이 용어 자체를 효율적이고도 성공적으로 전유해왔다.[18] 즉, 황제는 '국민투표,' 혹은 '인민들을 향한 호소'를 통해서 주권을 인민들에게 되돌려주자고 주장했다. 1850~60

---

[17] Immanuel Wallerstein, "Democracy, Capitalism and Transformation," Lecture at Documenta 11, Vienna, March 16, 2001.

[18] Jean Dubois, *Le Vocabulaire politique et social en France de 1869 à 1872*, Paris: Larousse, 1962.

년대의 군주제 지지자들 역시 이 용어를 '제국'과 동일시하면서 호의적으로 받아들였다. 그래서 열렬한 보나파르트주의자였던 당시의 어느 내무장관은 자신을 일컬어 "민주주의의 옹호자"라고 부를 수 있었던 것이다. 1869년경 프랑스의 정치계에서는 각종 '민주주의자들'이 번성했는데 몇 가지만 열거해 봐도 '사회주의적 민주주의자,' '혁명적 민주주의자,' '부르주아적 민주주의자,' '제국주의적 민주주의자,' '진보적 민주주의자,' '권위주의적 민주주의자' 등이 있었다. 이 목록은 블랑키의 지적(아무나 모두 이 용어를 차지할 수 있다는 지적)뿐만 아니라 적절한 수식어로 자신들의 입장을 정확히 밝힘으로써 이 단어 자체의 혁명적 유산을 긍정하려는 몇몇 사회주의자들의 노력도 반영하는 것이었다. 그러나 이 단어 자체는 (그때나 지금이나) 실질적으로 아무런 정보도 전달하지 못했다. 자신의 적수들조차 스스로를 묘사할 때 사용하는 이 단어를 쓸지 말지 망설인 공화주의자나 사회주의자는 블랑키만이 아니었다. 블랑키는 피르맹 마이야르에게 이런 편지를 보냈다.

> 자네가 내게 말했지. 자네는 부르주아지도 프롤레타리아트도 아니고 민주주의자라고. 이 말을 정의하지 않는 것이야말로 음모가들이 좋아하는 수법이지. …… "프롤레타리아트도 아니고, 부르주아지도 아니고 민주주의자이다!"라는 아름답기 그지없는 경구를 만들어낸 것이 바로 이들이라네. …… 그 어떤 견해가 이런 깃발 아래에 뙈리를 들지 못하겠는가? 모든 이들이 저마다 민주주의자임을 자임하고 있지. 특히 귀족계층의 사람까지 말이야.[19)]

'민주주의자'는 지배할 능력이 있다고 판단된 사람들과 그럴 능력이 없다고 판단된 사람들 사이의 극복되어야 할 구분을 더 이상 지칭하지 않았다. 이 단어는 너무 고무 같았고, 전혀 제 기능을 못했고, 분할보다는 합의를 만들어냈다. 비록 단명했지만 흔히 전통적 엘리트들의 소유였던 행정적·제도적 기능의 통제권을 장악하려는 실험을 감행한 1871년 파리코뮌의 전사들은 스스로를 민주주의자라고 부르지 않았다. 하지만 그것이 당시 감행된 가장 새로운 민주주의 정치가 아니었다면, 프로이센이 프랑스를 포위한 여파로 파리에서 코뮌이라는 정부형태가 선포된 일은 아무런 의미도 없을 것이다. 얼마 존재하지 못했지만, 파리코뮌의 전사들은 그동안 견고히 존재해온 위계적·관료적 구조 대신에 모든 차원에서 민주주의적 [조직] 형태와 절차를 도입했다. 그런데도 이 민주주의의 주역은 스스로를 묘사하는 데 다른 단어(공화주의자, 인민 등)를 더 선호했다. 그러나 생각하건대 그들이 '민주주의자'라는 단어를 완전히 내던져버리지 않았다는 사실이 중요하다. 비록 원래의 진정한 의미에서 벗어나 적들의 수중에 떨어지긴 했지만, [민주주의(자)라는] 이 단어는 여전히 1789년의 유산을 간직하고 있는 것이다.

  아르튀르 랭보가 자신의 후기 시들 중 하나, 즉 파리코뮌의 몰락 직후 쓴 시에 '민주주의'라는 제목을 붙였을 때, 제목으로 쓰였던 이 단어는 (이 시가 노래하는 것처럼) 끊임없이 이동하는 제국주의적 부르주아계급이 대도시에서 벗어나 "후추 냄새 가득하고 물에 잠긴 나

---

19) Blanqui, "Lettre à Maillard"(6 juin 1852), p.355.

라"로 팽창해가며, "가장 냉소적인 매춘을 부양"하고 "논리적인 반란을 참살"할 때 쓰는 깃발에 지나지 않았다.

민주주의

깃발은 불결한 풍경으로 나아간다. 우리의
방언이 북소리를 멈추게 한다.
중앙부에서 우리는 가장 냉소적인
매춘을 부양하는 것이다. 논리적인 반란을 참살하자.
후추 냄새 가득하고 물에 잠긴 나라에! ― 산업 개발이든, 군사적 착취든,
가장 끔찍한 부역을 위해.
여기서 안녕. 또 만나자. 어디건 상관없다. 기분 좋은 지원병인
우리는 잔인한 철학을 얻을 것이다. 학문에는 무지, 위안을 찾아 피폐한 우리이다.
상관없이 나아가는 세계를 위해 죽는 것. 그것이 참된
행진이다. 앞으로 나아가라![7]

19세기의 핵심적인 수사법과 형상을 가장 잘 엮어낸 시인으로 읽혀야 할 사람이 샤를 보들레르가 아니라 랭보라면 어쩔 텐가? 에드거 앨런 포와 쥘 베른에서 따온 예의바른 이미지, 정치팸플릿에서 끌어온 예언, 아동소설과 대중적인 과학텍스트에서 발췌한 형상을 가지고 랭보는 당대의 상징과 가능한 미래를 조립해냈다. 식민지 주

둔군은 바로 이런 형상 중 가장 극단적인 형상으로서 20~21세기라는 미래를 위해 넝마주이[8]가 행해왔던 것만큼이나 수많은 주요 태도, 지향, 스테레오타입, 지침을 생산했으며, 어쩌면 그보다 더 많이 생산해냈을지도 모른다. 요컨대 「민주주의」라는 이 시는 『착색판화집』과 한데 묶어보면 급격히 변형되던 세계체제의 바로 직전에 서 있다. 이 두 작품이 집필된 시기는 온 세계가 식민주의에 의해 한데 묶이기 시작했던 시기이자 진정한 부르주아 정체政體가 결정적으로 자리 잡기 시작한 시기이기도 하다.[20] 그렇지만 이런 시를 쓰는 행위 자체의 직접적인 배경 역시 중요하다. '문명화된 유럽'의 심장부에서 특정 계급에게 가해진 대학살, 1871년 5월 수천 명의 파리코뮌 전사들을 대거 총살한 사건이 바로 그것이다. 부르주아-공화주의 정부가 물리적으로 자기 계급의 적을 차례차례 모조리 절멸시키려 했던 이 시도, 잠깐이나마 기존의 정치·사회질서를 바꾸는 데 관여한 모든 사람을 살해한 이 사건은 놀라운 일이었다.

뤽상부르에서만 총살이 일어난 것은 아니었다. 거리의 구석구석에서, 주택가의 골목에서, 문에 기대게 한 채로 총살이 이뤄졌다. 제물을 밀어붙일 수 있는 담벼락이 있는 곳이라면 어디에서나.
센 강변이 이 흉포한 학살의 증인이다. 퐁뇌프다리 밑에서만 8일

---

20) Kristin Ross, *The Emergence of Social Space: Rimbaud and the Paris Commune*, London: Verso, 2008; Fredric Jameson, "Rimbaud and the Spatial Text," *Rewriting Literary History*, ed. Tak-Wai Wong and M. Ackbar Abbas, Hong Kong: Hong Kong University Press, 1984.

동안 총살이 벌어졌다. 오후에는 훌륭하신 나리들이 총살된 죄수들을 구경하러 나왔다. 마치 베르사유가 죄수들의 도착을 기다리는 것처럼 말이다. 우아하게 차려 입은 커플들까지도 구경삼아 이 도살장에 모여들었다.

팡테옹을 둘러싸고 있는 센 강의 좌안 구석(라탱 지구)에서는 여섯 차례 군사작전이 전개됐다. 가장 어마어마한 학살은 뤽상부르에서 벌어졌다. 그러나 조폐국, 천문대, 법학대, 에콜 폴리테크니크 …… 팡테옹에서도 학살이 벌어졌다. …… 콜레주드프랑스의 정문 왼쪽 방에 자리하고 있었던 문지기의 말에 의하면 그곳에서도 학살이 벌어졌다. 모베르 시장에서도 학살이 벌어졌다.

이 구역에서만 여섯 차례 군사작전이 이뤄졌다. 매 작전 때마다 시체가 첩첩이 쌓여갔다. 뤽상부르에서만 수천 명이 넘는 사상자가 생겼다. 파리로 진격해 들어오자마자 베르사유 주둔군은 곳곳에 사악하기 그지없는 군 집행관을 뽑아서 자리에 앉혔는데, 이들이 하는 일이라고는 오직 살해밖에 없었다. 재판 같은 것은 전혀 중요하지 않았다.

(다시 몇 곳을 꼽자면) 뤽상부르, 육군사관학교, 로바우 병영[공화군의 진지], 마자 광장, 몽소 공원, 로케트 지구, 페르-라셰즈 공동묘지, 뷔트-쇼몽 공원 등 조용히 움직였던 거대한 도살장들 주변에서 영예로운 이들이 보이지도 않게 수없이 죽어나갔다.[21]

---

21) Maxime Vuillaume, *Mes Cahiers rouges au temps de la commune*, Arles: Actes sud, 1998, pp.68~69.

나는 부르주아-공화주의 정부가 드러낸 이 순수한 증오, 루치아노 칸포라가 "다수의 맹렬한 적개심"[22]이라고 부른 것의 중대함을 오랫동안 고민해봐야 한다고 생각했기 때문에 이 피의 일주일을 목격한 사람의 증언을 길게 인용했다. 왜냐하면, 이 목격자가 상기시켜주듯이, 민주주의의 패배였던 이 대학살은 제3공화국을 낳았기 때문이다. 1871년 11월 랭보와 그의 친구 에르네스트 들라예는 주택가와 팡테옹의 담벼락에 남겨진 총탄의 흔적을 조사하며 파리의 거리를 거닐었다. 랭보가 들라예에게 말한 것처럼 이 대학살이 있은 지 수 개월 뒤, 사실상 수년 뒤에 정치적 기류는 "공허, 혼돈 …… 상상할 수 있고, 존재할 수 있는 모든 반동"으로 점철되어버렸다.[23] 『착색판화집』은 19세기 말의 팽창주의, 그에 수반된 식민지개척 계급의 재생산에 적합한 의식의 대량 창출을 보여준다. 훨씬 더 미래주의적인 몇 편의 시에서 랭보는 단조롭고 동질화된 세계에서 절정에 다다른 움직임을 예견하고 있다. 랭보 자신이 어느 시에서 "창백하고 평평해진 작은 세계," 혹은 "우편선이 우리를 내려놓을 곳에는 어디든지 똑같은 이 부르주아적 마술"이라고 적었듯이 말이다.[9] 다른 시들(나는 여기서 「대도시」, 「미개인」, 「역사의 황혼」을 떠올리고 있다)에서 랭보는 부르주아적 상상력이 자기 자신의 죽음이라는 묵시론적 이미지에 중독되는 몇몇 방식을 기록하고 있다. 이 두 번째 부류의 시들에서 랭보는 이제 사라져버린 제국의 운명이라는 무효화된 미

---

22) Luciano Canfora, *Democracy in Europe*, Oxford: Blackwell, 2006, p.120.
23) 들라예가 랭보에 대해 한 말. Arthur Rimbaud, *Oeuvres complètes*, éd. Rolland de Renéville et Jules Mouquet, Paris: Gallimard, 1965, p.745.

래를 보여준다. 얼음과 눈이 폭증하는 지질학적 대재앙 속에서 수정과도 같이 맑고 환상적인 도시풍경과 세계의 종말이라는 고대의 예시가 합류하는 파노라마적 시선("빙화氷花의 돌풍과 함께 내리 쏟아지는 화로 — 감미로움이여! — 우리들을 위해 영원히 탄화되는 땅의 핵심 속에서 다이아몬드의 바람으로 분출되어 비처럼 내리는 불길 — 오오, 세계여!"[10]), 미개 부족과 나란히 존재하는 교각과 큰길의 뒤엉킴, 극과 극에서 불길이 치솟고 혼란스러우면서도 불가사의할 만큼 고요하게 되풀이되는 이 행성의 대화재 등.

파리코뮌의 몰락 이후 어떻게 미래를 상상할 수 있을까? 저 흔치 않은 민주주의의 실험이 분출하고 진화하다가 제거된 시대, (자신이 일컬었듯이) 식민지 개척의 충동을 굳혀나간 이후 수십 년간 스스로의 등을 떠밀고만 프랑스 중간계급의 '늪'에 빠져버리게 된 시대를 살아내면서, 랭보는 일련의 미래주의적이고 환상적인 산문시를 통해서 저 계급의 승리와 죽음을 모두 예시하기로 결정했다. 이 행성을 점진적으로 동질화한 저 계급의 승리, 그리고 폭발 일보직전의 지구에 갇히게 된 저 계급의 죽음을.

그렇다면 랭보의 「민주주의」는 일국적 차원의 계급투쟁에서 '인민'의 요구를 표현하는 데 '민주주의'라는 용어가 더 이상 사용되지 않는 바로 그 시기, 오히려 서구와 그 나머지 세계(문명화된 곳과 문명화되지 않은 곳)가 벌이는 국제적 차원의 투쟁에서 "문명화된 나라"의 식민지 정책을 정당화하는 데 사용되던 바로 그 시기를 표시한다. 랭보는 『지옥에서 보낸 한 철』에 수록된 「나쁜 혈통」에서 이와 관련된 파란만장한 이야기를 들려주고 있는데, 이에 덧붙여 「움직임」이라는 제목이 붙은 시에서 이 문명화라는 사명의 계급적 속성을 그려내고 있다.

> 이는 개인의 갑작스런 행운을 찾는
> 세계의 정복자들;
> 그들은 운동하며 편안하게 여행한다;
> 그들은 이 배 위에
> 종족과 계급과 짐승의 교육도 데리고 간다.
> 연구에 몸 바친 저 힘든 저녁에
> 쏟아지는 빛을 받으며,
> 휴식과 현기증도.[11]

이 시에서 민주주의[라는 단어]의 울림은 결정적으로 변한다. 그저 희석되는 데 그치는 것이 아니라 낯선 내용으로 가득 차게 된다. 19세기가 시작될 때 민주주의를 두려워했던 바로 그 집단이 그 세기가 끝나갈 때쯤 그 용어를 포용하기 시작했기 때문이다. 랭보의 시 속에서처럼, 민주주의는 문명화됐고 문명화되어가고 있는 서구에 필수적인 정신의 보충물이자 이상적인 무화과 나뭇잎[12]이 됐을 뿐만 아니라 문명화됐음을 알리는 깃발, 구호, 증거가 되어버렸다. 대의민주주의라는 이름 아래 국가는 계급 살육의 역사가 개시됐음을 선언했다. 유럽에서는 파리코뮌이 겪은 바로 그런 형태로, 그리고 식민지에서는 그 이상의 폭력적인 형태로. 2008년 국민투표 당시 아일랜드인들에게 쏟아진 위협과 비난의 언어에서 우리는 이 폭력의 메아리를 들을 수 있다. 민주주의적이기 때문에 서구는 이 세계의 도덕적 지도자가 될 수 있다. 왜냐하면 그런 헤게모니는 전 세계에 걸쳐 진보의 근거이기 때문이다. 이 "세계의 정복자들"에서부터 "민주주의를 위해서 이 세계를 안전하게 만들어야 한다"[13]라고 말했던 우드로 윌슨, 그리고 개발경제의 언어와 계획에 '민주주의'라는 용어를 새겨놓은 해리 트루먼에 이르기까지 [민주주의라는 단어의 의미가 희석되고 낯설어짐으로 그 울림이 변하는 데는] 그 어떤 비약도 필요하지 않았다.24)

그렇지만 랭보가 예시한 세계사의 모습에서 떠나기 전에, 우리는 일종의 광고문처럼 길고 장황한 구조를 띠고 있는 「염가판매」라는 제목의 시를 염두에 둬야만 한다. 우리가 살아가고 있는 역사적 시기에 대해서 많은 말을 해주는 듯한 「민주주의」와 「움직임」의 맥락 속에서 말이다. [앞의 두 시처럼] 역시나 현대적이고 마술적인 시적 장치로 자아낸 분위기를 띤 이 시는 소비재와 서비스가 일상적으로 우리를 맹공격하는 상황 속에서는 혁명적 외침과 광고문구가 서로 구분이 안 된다는 사실을 보여준다. "모든 인종, 사회, 성별, 후손을 따질 수 없고 값을 매길 수 없는 몸을 판매합니다!"[14] 「염가판매」와 「민주주의」는 모두 의식의 변화를 이와 관련된 시장관계가 (본토 밖 식민지에 존재하는 것이든 유럽의 대도시 한가운데에 있는 것이든)

---

24) 1949년 1월 20일 해리 트루먼이 대통령 취임연설에서 했던 말[이른바 외교정책 '제4항목']. "우리는 과학의 발달과 산업의 진보가 우리에게 가져다준 혜택을 저개발된 지역의 향상과 성장을 위해서 사용할 수 있게 해주는 대담하고도 새로운 프로그램에 착수해야만 합니다."

일상생활에 침투한 상황에 결부시키고 있다(이와 비슷한 시기에 씌어진 소네트 「파리」 역시 파리의 상점들 앞에 세워진 광고간판처럼 구성되어 있다). 예언적이고 이례적이라고밖에 말할 수 없을 만한 이 시들의 동시대적 감수성(이 시들을 한데 묶어서 읽으면 내 글의 제목 "민주주의를 팝니다"가 된다)은 20세기가 랭보의 시대 때부터 시작된 소비주의를 (도착적인 방식으로) 민주주의와 견고하게 동일시해 왔던 태도와 다소 관련되어 있다. 즉, 구매할 권리로서의 민주주의와 말이다. 오늘날 서구식 자유민주주의는 자신들의 번영 속에서 더할 나위 없이 보장된다. 바로 그 번영 속에서 자유민주주의는 보다 더 완벽하게 탈정치화되고, 거짓된 영원의 분위기나 환경 혹은 방식으로 존재하고 있는 중이다. 랭보가 「염가판매」에서 예견한 분위기도 바로 이런 것이었다. 상품, 육체, 선거후보, 생활양식, 가능한 미래의 자유로운 교환 말이다. "거주권, 이민, 운동, 요정의 나라, 완벽한 안락, 이들이 만들어낸 소음과 움직임과 미래를 판매합니다!"

　오늘날 민주주의는 지구상의 거의 모든 지도자들이 외치는 구호이다(그리고 머지않아 나머지 지도자들도 강제로 이 대열에 합류할 것이다). 랭보의 이례적인 시대와 우리의 시대를 갈라놓는 것은 이른바 냉전이라고 불렸던 것, 그리고 그것의 종말이다. '민주주의'의 발전이라는 면에서, 서구의 정부들이 '공산주의'에 맞서는 평행추로서의 '민주주의'를 성공적으로 진전시키며 다져놓은 막대한 성취를 과소평가하기란 어려운 일이다. 실제로 서구의 정부들은 '민주주의'라는 단어 자체를 완전히 통제하게 됐다. 그 단어가 예전에 간직했던 해방의 울림을 완전히 제거한 채 말이다. 사실상 민주주의는 극소수

사람들만의 통치, 그리고 말하자면 인민 없는 통치만을 허용하는 체제를 정당화하는 계급적 이데올로기가 되어버렸다. 자기 자신의 기능을 무한히 재생산하는 것 말고는 일체의 다른 가능성을 배제하는 듯이 보이는 체제를 말이다. 견제도 받지 않고 규제도 되지 않는 자유시장 경제에 대한 요구, 무자비할 만큼 모든 수단을 동원해 이뤄진 반공산주의, 군사적인 방식으로든 다른 방식으로든 수없이 많은 주권국가와 그 나라의 내정에 간섭할 수 있는 권리, 이 모든 것을 '민주주의'라고 부르는 데 성공했다는 것은 그야말로 믿어지지 않을 정도의 솜씨였다. 어떻게 해서든 시장을 민주주의의 명백한 조건으로 간주하게 만들고, 민주주의를 시장에 대한 불변의 요구처럼 보이게끔 만들었다는 것 역시 놀라운 성취였다. 프랑스에서, 적어도 1968년에 대한 반동의 분위기 속에서 상황이 이렇게 된 데는 사람들에게 널리 받아들여진 1776년 미국 혁명과는 달리 프랑스혁명이 프랑수아 퓌레의 지극히 반민주주의적인 지도 아래 끈질기게 과소평가·폄하되고, 결국에는 스탈린주의와 폴 포트의 범죄에 결부되어 설명됐던 것이 상당한 도움이 됐다. 게다가 '현실 사회주의'의 종말과 더불어 결국 우리는 단절 혹은 갈등의 시대와 결정적으로 끝장을 본 듯했다. 그리고 그때부터 사회는 끊임없는 '민주주의적' 숙고, 대화, 논쟁의 장소이자 사회적 관계를 꾸준히 규제하는 장소가 될 수 있었다. 이미 「민주주의」에서 살펴봤듯이, 랭보의 시대는 '민주주의적 제국,' 요컨대 발전된 인민들이나 독립된 [정치적] 실체에게 운명 지어진 미래를 가져다주는 자연적이고도 필연적인 계획의 시대를 열어젖혔다. 그러나 「염가판매」에서 살펴본 것처럼, '민주주의'는 [식민지] 본국에서도 상당히 잘 작동하고 있었다. 경제, 인간의 능력을 뛰어넘는 어마어마한 역사적 힘이 사회의 핵심 지배제도인 곳, 모든 가능한 세계 중 최상의 세계를 결정짓는 것은 경제가 가져오는 균형상태라는 주장이 암묵적으로 합의된 바로 그곳에서도 말이다.

정치의 언어는 영원히 오염될 수밖에 없는 것일까? 나는 내 자신을 민주주의자라고 부를 수 있을까?

확실히 수정주의자들처럼 이런저런 법률, 정당, 국가의 '실패한' 또는 '불충분한' 민주주의를 비판하는 것으로는 충분하지 않다. 예컨대 그렇게 비판만 한다는 것은 짐바브웨의 로베르 무가베가 노골적으로 선거절차를 장악한 사실을 비판하는 것으로 충분히 즐거워하지만, IMF가 금전채권을 확보하기 위해 강행하는 강제집행처럼 민주주의적 절차를 존중하는 경제적 현상이 이와 똑같은 과정을 야기할 때는 무력하게 두 손 놓고 있을 수밖에 없는 체제에 갇힌다는 것이나 다름없다. 사실 민주주의를 선거나 다수의 의지와 관련된 것으로 이해하는 방식은 아주 최근에야 역사 속에 등장했다. (우리가 살아가고 있는 오늘날 자유로운 선거, 자유로운 정당, 자유로운 언론, 그리고 당연하게도 자유로운 시장으로 구성되어 있다고 말해지는) '대의민주주의'라고 불리는 것도 실제로는 과두제의 형태이다. 공통의 문제를 관리하거나 처리하는 직책을 부여받은 소수에 의해 [인민들의 의사가] 대표되니 말이다. 실제로 오늘날의 '산업신진국형 민주주의'는 모두 과두제적 민주주의이다. 이들은 역동적인 과두제, 막대한 부와 부의 숭배 한가운데 자리한 세계정부의 승리를 대표한다. 이런 과두제 정부는 선택범위를 제한하는 식으로 중간계급과 상층계급이 효율적으로 지배적인 지위를 차지하게 보호해주는 선거를 통해서 합의와 정당성을 창출하는 능력을 갖추고 있다.25)

생각하건대 우리는 이것이 흔한 경우임을, 즉 실제로는 민주주의가 존재하지 않고 그 반대가 옳다는 사실을 인정해야만 한다. 그리고 이와 동시에 민주주의라는 용어에 담긴 원래의 보다 폭넓은 의미를 간직하는 것이 얼마나 필요한 일인지를 인정해야만 한다. 만약 민주주의를 통치형태로만 이해하게 된다면, 우리는 이 단어를 포기하게 될 수밖에 없다. 이 단어를 전유해온 적들에게 내줘버리는 식으로 말이다. 민주주의란 통치형태가 아니라는 사실, 헌정형태나 제도형태가 아니라는 바로 그 사실 때문에, 공통의 문제에 직접 관여할 수 있는 아무나의 힘으로서의 민주주의는 정치 자체의 특별함을 가리키는 또 다른 이름이 되어왔다. 민주주의는 존재할지도, 존재하지 않을지도 모른다. 그리고 다양한 모습으로 스스로를 드러냈다. 민주주의는 어떤 형태라기보다는 일종의 계기, 최상의 경우에는 일종의 계획이다. 랭보의 숱한 구호 중 하나인 사랑처럼,[15] 민주주의는 공적 삶의 끊임없는 사유화에 맞서는 투쟁의 이름으로서 재창조되어야만 한다.

---

25) Canfora, *Democracy in Europe*, pp.214~252.

8 민주주의에서 신의 폭력으로
De la démocratie à la violence divine

슬라보예 지젝
(류블랴나대학교 이론정신분석학협회 대표)

1 오늘날의 시대는 스스로를 탈이데올로기적이라고 선포한다. 바로 그렇기 때문에 이데올로기는 그 어느 때보다도 훨씬 더 투쟁의 장이며, 무엇보다도 과거의 전통을 전유하기 위한 투쟁의 장이 되고 있다. 우리가 처한 곤경을 가장 명확하게 보여주는 것 중 하나는 마틴 루터 킹에 대한 자유주의의 전유인데, 이는 그 자체가 전형적으로 이데올로기적인 작업이다. 헨리 루이스 테일러는 최근에 다음과 같이 말한 바 있다. "마틴 루터 킹을 아는 모든 사람(심지어 그를 아는 꼬마까지도)은 '나는 꿈이 있습니다'라고 연설했을 때가 킹이 가장 유명했던 순간이라고 말할 수 있다. 아무도 그 한 문장 이상을 말하지 못한다. 우리가 아는 것이라곤 이 사람에게 꿈이 있었다는 사실뿐이다. 우리는 그 꿈이 무엇이었는지 모른다."[1]

1963년의 워싱턴 행진 당시 킹은 "우리나라의 도덕적 지도자"라고 소개되며 수많은 군중들의 환호를 받았다. 그러나 그때 이후로 킹은 크게 발전했고, 그 때문에 당시 군중들로부터 멀어졌다. 그 이후 인종차별 이외의 쟁점에 대해서도 입장을 밝힌 킹은 대중적 지지의 대부분을 잃었고, 실제로도 그랬거니와 사회적으로도 불가촉천민으로 간주됐다. 킹은 빈곤과 군사주의라는 쟁점에 대해 입장을 밝혔다. 왜냐하면 그 문제들이 평등을 실제적인 어떤 것으로서, 단지 인종적인 형제애가 아닌 사실상의 평등으로 만드는 데 결정적인 것이라고 간주했기 때문이다. 알랭 바디우의 용어를 빌린다면 킹은

---

[1] Deepti Hajela, "Historians Fear MLK's Legacy Being Lost," *USA Today*, January 21, 2008.

'평등의 공리'를 따라서 인종차별이라는 토픽을 훨씬 넘어섰다. 킹은 죽음에 임박해 빈곤타파와 반전에 몰두하고 있었다. 킹은 공공연히 베트남전쟁에 반대했고 1968년 4월 4일 멤피스에서 살해됐을 때는 환경미화원의 파업을 지지하기 위해 그곳을 방문 중이었다. 킹을 따른다는 것은 대중이 지지하지 않는 인기 없는 길을 간다는 것을 의미했다. 오늘날 백인과 흑인의 평등은 자명한 정치-윤리적 공리로 인식되면서 아메리칸 드림의 일부로 칭송받는다. 그러나 1920~30년대에는 공산주의자들만이 인종들끼리의 완벽한 평등을 주장한 유일한 정치세력이었다.

그럼, 이제 이데올로기의 심연으로 들어가서 민주주의의 문제를 직접 다뤄보도록 하자. 누군가가 민주주의의 기초를 위태롭게 한다고 지목된다면, 그 사람은 이와 유사한 비난(공산주의자들은 가족, 소유, 자유 등을 위태롭게 한다)에 맞서『공산당 선언』이 제시한 대답(지배질서가 이미 가족, 소유, 자유 등을 위태롭게 한다)을 살짝 바꿔 응수하면 될 것이다. 요컨대 (시장의) 자유란 자신의 노동력을 판매하는 사람들에게는 비자유이듯이, 가족이 합법적 매춘으로서의 부르주아 가족에 의해 그 기초를 위협받듯이, 민주주의 역시 날로 확산되는 비상사태의 논리에 따라 증대되는 행정부 수장의 특권에 의해서뿐만 아니라 거대 다수의 수동화를 수반하는 의회주의적 형태에 의해 그 기초를 위협받는다고 말이다.

2007년 가을, 체코공화국에서는 국민적 논쟁이 맹위를 떨쳤다. 국민 대다수(약 70%)가 미 육군의 레이더 기지를 자국 영토에 설치하는 데 반대했는데도 정부가 이 계획을 진행시켰던 것이다. 정부 대표들은 이처럼 국가안보와 관련된 민감한 사안을 투표에 부쳐서는 안 된다고 주장하면서 국민투표에 대한 요구를 거부했다. 그런 사안들은 군사 전문가들의 몫이라는 것이다(흥미롭게도 동일한 정부 대표들은 이 결정에 대해 순수하게 정치적인 이유를 제시했다. 미국은 역사상 세 번, 즉 1918년, 1945년, 1989년에 체코가 자유를 얻도록 도와줬으니, 이제 체코 국민들이 보답할 차례라는 것이었다).[1] 만일 이 논리를 끝까지 밀고 나간다면 이상한 결론에 도달하게 될 것이다. 그렇다면 투표에 부칠 사안이 있기는 한가? 경제에 관한 결정은 경제 전문가들의 몫이어야 하고 다른 사안도 마찬가지이지 않는가?

이 사건은 근대 사회에서 권력과 지식이 맺는 모호한 관계라는 중요한 주제를 떠올리게 만든다. 그동안 지식/권력 쌍을 다루는 데 있어서 자크 라캉이 보여준 독창성은 거의 주목받지 못했다. 지식과 권력의 결합(지식은 중립적이지 않고 그 자체로 권력과 통제의 장치이다)이라는 모티프를 끊임없이 변주한 미셸 푸코와는 달리, 라캉은 지식과 권력의 괴리를 주장한다. 우리 시대에 지식은 권력의 효과에 비해 상당히 불균형하게 성장했다는 것이다. 이 테제는 여러 방식으로 이해될 수 있다. 첫째, 우리는 이 테제를 종종 무시됐으나 명백한 사실에 대한 진술이라고 이해할 수 있다. 요컨대 오늘날 우리는 더 많은 것을 더 빨리 알게 되지만, 그것들에 대해 무엇을 해야 할지 모른다. 생태위기를 둘러싼 전망이 전형적인 사례이다. 우리는 (인간의 공업이 정말로 지구온난화의 원인인가 등에 대해) "충분히 알지 못하기" 때문이 아니라, 정반대로 너무 많이 알지만 이 일관성 없는 대량의 지식을 갖고 무엇을 할지 모르기 때문에, 즉 이 지식을 하나의 주인-기표[2]에 종속시킬 방법을 모르기 때문에 행동할 수 없는 상태라면 어쩔 텐가? 이 점은 이와 더 관련 있는 차원, 즉 하나의 기표(S_1)와 다른 기표(S_2)의 긴장관계라는 차원으로 우리를 이끈다. 지식의 연쇄는 더 이상 주인-기표들에 의해 총체화될/누벼질 수 없다. 과학적 지식의 기하급수적이고 통제불가능한 증가는 무두無頭의 충동과 관련 있다. 따라서 지식에의-돌진은 "지배의 권력이 아닌 권력," 즉 지식 자체의 실행에 적합한 권력의 고삐를 풀어놓는다. 교회는 이 결여를 감지했고, 과학적 지식의 폭발적 증가가 "인간적 한계" 안에 머물러 우리를 압도하지 않도록 보장할 주인은 자기 자신이라고 재빨리 자임했다. 물론 헛된 희망이었다.

"민중people에 봉사한다"는 구절에 초점을 맞춰보면, 우리는 근대성을 '대학담론'의 출현으로 간주한 라캉이 얼마나 옳았는지를 명확히 알 수 있다. 지도자만이 민중에 봉사함으로써 정당성을 획득하는 것이 아니라 왕 자신도 (계몽군주로 통했던 프리드리히 대왕이 말했듯이) "민중의 최고 하인[봉사자]"으로서 자신의 기능을 재발명해야만 한다. 결정적인 것은 봉사하지 않는 사람이 없는 것이 아니라 단지 봉사를 받는 사람이 없다는 것이다. 민중[보통 사람들]은 국가, 혹은 인민People에게 봉사한다. 그리고 국가 자체는 민중에 봉사한다. 이런 논리는 주민 전체가 봉사하는 스탈린주의에서 그 정점에 도달한다. 여기에서 일반 노동자는 공동체를 위해 자신의 행복을 희생하고, 지도자들은 밤낮으로 일하며 민중에 봉사한다고 여겨진다(비록 그들의 '진리'는 첫 번째 기표[S_1], 즉 주인-기표이지만 말이다). 봉사를 받는 행위자, 즉 인민은 어떤 실체적이고 실증적인 실존을 갖지 않는다. 인민은 모든 현존하는 개인이 그에 봉사해야만 하는 끝없이 끔직한 희생을 요구하는 신^{Moloch}의 다른 이름이다. 물론 이 역설의 대가는 일련의 자기지시적인 역설들이다. 개인들로서의 민중은 그 자신이기도 한 인민에 봉사하며, 그들의 지도자들은 민중이 인민으로서 갖게 되는 보편적 이해관계를 직접적으로 구현한다는 역설 같은 것 말이다. 단순히 "내가 너희들이 봉사해야 하는 바로 그 사람이다"라고 주장하면서 순진하게도 기꺼이 주인의 자리를 취하려는 개인들, 그러면서도 그 자리가 [자신들에게 봉사한다는] 하인으로서의 지도자$^{Servants-Leaders}$가 지닌/에 대한 지식 속에서 소외되지 않도록 하려는 개인들을 찾는 것은 꽤 신선한 일일지도 모르겠다.

2 중국은 이처럼 교착상태에 빠진 민주주의의 전형적인 사례이다. 오늘날 중국 자본주의가 보여주는 폭발적인 성장에 직면해 전문가들은 종종 언제쯤 자본주의의 '자연적인' 정치적 부산물인 정치적 민주주의가 [중국 내부에서] 강화될 것인가 묻곤 한다. 그러나 보다 면밀한 분석은 즉시 이 희망을 무너뜨린다.

오늘날 중국에서 일어나는 일을 자본주의에 대한 동양−전제적 왜곡으로 이해하는 대신에 우리는 그곳에서 유럽에서와 같은 자본주의의 발전 자체가 반복됨을 봐야 한다. 근대 초기에 대부분의 유럽 국가들은 민주적인 것과는 거리가 멀었다. 혹시 민주적인 경우에도 (네덜란드에서처럼) 그것은 자유주의 엘리트에게 민주적이었지 노동자에게 민주적인 것은 아니었다. 자본주의의 조건은 잔인한 국가독재에 의해 창출되고 유지됐다. 오늘날의 중국과 매우 유사하게 말이다. 일반 민중에 대한 폭력적 징발을 합법화한 중국은 이를 통해서 민중을 프롤레타리아트로 만들었고, 새로운 역할에 맞게 훈육하기도 했다. 우리가 오늘날 자유민주주의나 자유와 동일시할 수 있는 모든 특징(가령 노동조합, 보통선거, 무상 의무교육, 언론의 자유 등)은 19세기 내내 하층계급이 길고도 힘든 투쟁을 해 쟁취한 것이지 자본주의적 관계의 '자연스러운' 결과가 전혀 아니다.『공산당 선언』이 결론내린 일련의 요구사항을 떠올려보자. 생산수단의 사적소유 철폐를 제외한다면 그 대부분은 오늘날 '부르주아' 민주주의에서 널리 인정되는 것들이다. 대중투쟁의 결과로서.

  무시되어온 사실을 다시 떠올려보자. 앞서 말했듯이 오늘날 백인과 흑인의 평등은 자명한 정치-윤리적 공리로 인식되면서 아메리칸 드림의 일부로 칭송받지만 1920~30년대에는 공산주의자들만이 인종들끼리의 완벽한 평등을 주장한 유일한 정치세력이었다. 자본주의가 민주주의와 자연스럽게 연결된다고 주장하는 사람들은 자신들이 전체주의의 위협에 맞선 민주주의와 인권의 '자연스러운' 옹호자였다고 자임하는 가톨릭교회만큼이나 사기치는 것이다. 19세기 말에야 민주주의를 인정한데다가, 이마저도 싫은 것을 억지로 한 타협이었고, 군주제를 선호했으나 새 시대를 용인하는 수준에서 민주주의를 인정했다는 사실을 만천하에 밝힌 바로 그 가톨릭교회 말이다. 가톨릭교회가 자유와 인간의 존엄성을 존중한 첨병이었다고? 간단한 사유실험을 해보자. 1960년대 초반까지 가톨릭교회는 (일반) 신도들이 읽어서는 안 될 저 유명한(혹은 악명 높은) 금서목록을 유지했다. 자, 이 금서목록에서 발견되는 모든 작품을 하나씩 지워나가면서 근대 유럽의 예술사와 지성사가 어떤 모습이 됐을지 한번 상상해보라. 상당수의 근대 고전문학은 두말할 것도 없고 르네 데카르트, 베네딕트 데 스피노자, G. W. 라이프니츠, 데이비드 흄, 임마누엘 칸트, G. W. F. 헤겔, 칼 맑스, 프리드리히 니체, 프란츠 카프카, 장-폴 사르트르 등이 없는 근대 유럽을 말이다.

따라서 오늘날 중국에서 벌어지는 일은 이국적이지 않다. 그곳에서는 그저 우리가 망각한 과거가 반복되고 있을 뿐이다. 그렇다면 서구 자유주의를 옹호하는 비평가들의 생각은 어떤가? 정치적 민주주의와 결합됐더라면 중국의 [경제적] 발전은 얼마나 더 빨라졌을까? 몇 년 전 텔레비전 인터뷰에서 랄프 다렌도르프는 민주주의에 대해 불신이 증대되는 현상을 다음과 같은 사실과 관련지었다. 모든 혁명적 변동 뒤에는 새로운 번영으로의 길이 '눈물의 계곡'을 통과해야만 한다는 사실과 말이다. 요컨대 사회주의가 붕괴됐다고 해서 곧장 성공적인 시장경제의 윤택함으로 나아갈 수는 없다. 제한적이지만 실재했던 사회주의 국가의 복지와 보장은 해체되어야 하고, 이 최초의 단계는 필연적으로 고통스러울 수밖에 없다. 그리고 이 점은 서유럽에서도 마찬가지인데 복지국가가 새로운 전지구적 경제로 이행해가려면 고통스러운 청산, 치안 불안, 사회보장의 약화가 수반될 수밖에 없다는 것이다. 따라서 다렌도르프에 따르면 문제는 이렇게 요약될 수 있다. 즉, 이 '눈물의 계곡'을 통과하는 고통스러운 이행과정은 통상의 (민주적) 선거주기보다 더 오래 지속되기 때문에, 사람들은 [보다 근본적이어서] 힘든 변화를 뒤로 미룬 채 선거를 통해 단기적 이익을 얻으려는 엄청난 유혹에 빠진다는 것이다. 탈공산주의 국가들에서 대부분의 계층이 새로운 민주적 질서가 가져온 경제적 결과에 실망하곤 하는 것이 전형적인 사례이다. 1989년이라는 영광의 시절에 그들은 민주주의를 서구 소비사회의 윤택함과 동일시했지만 이제 10년이 지나도 윤택함이 여전히 성취되지 않았기 때문에 그들은 민주주의 자체를 비난한다는 것이다.[3] 불행히도 다렌도르프는 정반대의 유혹에 대해서는 충분히 주목하지 않았다. 만일 대다수가 [새로운] 경제에 필수적인 구조적 변화에 저항한다고 가정해보자. 그럼 그 논리적 귀결(의 하나)은 계몽된 엘리트가 10년이나 그 이상 동안 집권해 비민주적 수단을 써서라도 필요한 조치들을 단행하고, 그렇게 함으로써 진정으로 안정적인 민주주의의 기초를 놓아야 한다는 것이 되지 않을까? 이런 노선을 따라 파리드 자카리아는 민주주의가 어떻게 경제선진국들에서만 '유행'할 수 있는지 지적한 바 있다. 만일 개발도상국이 "성급하게 민주화된다"면 그 결과는 경제적 파국과 정치적 전제로 귀결되는 포퓰리즘이 될 것이고, 그러니 오늘날 경제적으로 가장 성공한 제3세계 국가들(대만, 한국, 칠레)이 권위주의 지배 이후에야 완전한 민주주의를 채택한 것은 전혀 이상한 일이 아니라는 것이다.[4]

    이 추론방식은 자본주의로 가는 중국의 방식을 러시아의 방식과 대비시켜주는 가장 훌륭한 논증이 아닐까? 공산주의 붕괴 이후 러시아는 '충격요법'을 써서 민주주의에 투신하고 서둘러 자본주의를 향해 매진했다. 그리고 그 결과는 경제적 파산선고였다.2) 이와 반대로 중국은 칠레와 한국의 경로를 따라서 견제 받지 않는 권위주의 국가의 권력을 활용해 자본주의로의 이행에 소요되는 사회적 비용을 통제했고 그에 따라 혼돈을 피했다. 요컨대 자본주의와 공산당의 지배라는 괴상한 결합은 말도 안 되는 변칙이 아니라 불행을 가장한 (심지어는 글자 그대로) 축복이었던 것이다. 중국은 권위주의적인 공산당의 지배에도 불구하고 매우 빨리 발전했다기보다는 바로 그런 지배 때문에 빨리 발전했다. 따라서 결국 스탈린주의적으로 들리는 의심을 품어볼 수 있겠다. 중국에 민주주의가 부족하다고 걱정하는 사람들이 정말로 걱정하는 것은 중국이 서구의 우위를 위협할 만한 차기 강대국이 되게 해줄 중국의 빠른 성장이라면 어쩔 텐가?

여기에는 그 이상의 역설이 존재한다. 모든 값싼 조롱과 피상적인 유추를 무시한다면 마오쩌둥주의의 영속적인 자기-혁명화, 즉 국가구조의 경직화에 맞선 영구적인 투쟁과 자본주의의 내적 동학 사이에는 근본적인 구조적 상동성이 존재한다. 이 점에 관해서는 "새로운 은행 설립과 은행 털기는 얼마나 다른가?"라는 베르톨트 브레히트의 말장난을 살짝 바꿔보고 싶다. 진정한 문화혁명, 즉 자본주의의 재생산에 필수적인 모든 삶의 형태를 영원히 해체하는 것과 문화혁명에 사로잡힌 홍위병의 폭력적이고 파괴적인 폭동은 얼마나 다른가? 오늘날 대약진운동의 비극은 급속하게 근대화를 향해가는 자본주의적 대약진운동이라는 소극^{笑劇}으로 반복되고 있다. "마을마다 용광로"라는 옛 구호가 "거리마다 마천루"로 재등장한 격이다.

---

2) 이 점에 대해서는 어느 정도 편집증이 허용될 충분한 이유가 있다. 겉보기에도 순진해 보이는 이런 방법을 실제로 보리스 옐친에게 조언한 서구의 경제 고문들은 모두 어디에 있는가? 혹시 그들은 러시아를 경제적으로 약화시켜야 한다는 미국의 이해관계에 봉사했던 것일까?

그렇다면 중국 자본주의의 폭발적인 성장을 신경제정책(1921년 내란이 종식되자 소련이 채택한 경제정책으로서 사적 소유와 시장에서의 교환을 인정했고, 약 1928년까지 지속됐다), 즉 확고한 정치적 통제력을 행사하는 공산당이 언제든 개입해 들어가 스스로 계급의 적에게 베풀던 양보를 철회할 수 있는 그런 상황의 장구한 연속이라며 옹호하는 유사-레닌주의적 입장을 어떻게 봐야 할까? 이에 대해서는 단지 그 논리를 끝까지 밀고 나가면 된다. 자본주의적 민주주의에서 민중의 민주적-평등주의적 주권이 경제영역에서의 계급분할과 긴장관계를 맺고 있는 한, 그리고 국가가 원칙적으로 징발을 강제할 수 있는 한, 자본주의란 그 자체로 거대한 신경제정책과도 같은 우회로가 아닐까? 봉건적이거나 노예제적인 지배관계로부터 공산주의적인 평등주의적 정의로 직접 가기 위해 거쳐야 하는 우회로?

그리고 만일 이 권위주의적인 '눈물의 계곡'을 지난 뒤에도 [민중에게] 약속된 민주주의의 두 번째 단계가 결코 도래하지 않는다면 어쩔 텐가? 아마도 이것이 오늘날의 중국에 관해서 가장 심란한 점일 것이다. 중국의 권위주의적 자본주의는 단지 과거의 잔여물이거나 16세기부터 18세기까지 유럽에서 진행된 자본주의적 축적과정의 반복이 아니라 미래의 징후인 것이 아닐까 하는 의심이 든다. 만일 "아시아의 채찍과 유럽 증권시장의 사악한 결합"[5]이 경제적으로 우리의 자유주의적 자본주의보다 더 효율적임이 입증된다면 어쩔 텐가? 만일 중국이 우리가 이해하는 바대로의 민주주의가 더 이상 경제발전의 조건이자 동력이 아니라 그 장애물이라는 사실에 대한 경고라면 어쩔 텐가?

3 그렇다면 민주주의의 이런 한계를 어디서 직접적으로 감지할 수 있을까? 이와 같은 국제적 압력을 겪어낸 정치해방운동의 이름이 라발라스(크리올어로는 '홍수')[6]라는 역설적인 사실을 놓쳐서는 안 된다. 라발라스는 빗장이 걸린 공동체를 흘러넘치는 징발당한 자의 범람이다. 이것이 바로 아리스티드 정권의 전복에 관한 피터 홀워드의 책 제목(『댐으로 홍수 막아내기』)이 상당히 적절한 이유이다.3) 이 책은 9·11 이후 곳곳에서 댐과 벽이 세워지는 전지구적 경향 속에 2004년의 아이티 사태를 새겨 넣으면서 우리로 하여금 '세계화'의 진실, 즉 세계화를 유지하는 내적 분할의 전선을 직면하도록 만든다.

아이티는 처음부터, 즉 노예제에 맞서 1804년의 독립을 이끌어 낸 혁명투쟁 자체에서부터 예외였다. "오직 아이티에서만 인간의 자유에 대한 선언은 보편적인 일관성을 지녔다. 오직 아이티에서만 이 선언은 당시의 사회질서와 경제논리에 직접 맞서 모든 희생을 감수하면서도 유지됐다." 이런 이유로 "근대사 전체를 통틀어 지배적인 전지구적 사물의 질서에 대해 이보다 더 위협적인 함의를 지닌 단일 사건은 없다."[7] 아이티혁명은 진정으로 프랑스혁명의 반복이라는 칭호를 얻을 자격이 있다. 투생 루베르튀르가 이끈 아이티혁명은 분명히 '자기 시대를 앞선' 것으로서 '성급'하고 실패할 운명을 짊어졌지만 바로 그렇기 때문에 프랑스혁명 자체보다도 한층 더 사건Event

---

3) Peter Hallward, *Damming the Flood: Haiti, Aristide, and the Politics of Containment*, London: Verso, 2008.

이었을지 모른다. 식민지의 반란자들은 최초로 식민지배 이전에 자신들이 지녔던 '뿌리'로 되돌아가기 위해서가 아니라 자유와 평등이라는 극히 근대적인 원칙을 위해 봉기를 한 것이다. 그리고 아이티의 노예반란을 즉시 인정했다는 사실이야말로 자코뱅 당원들의 진정성을 보여줬다. 아이티의 흑인 대표는 국민의회에서 열렬히 환영받았다(그리고 예측할 수 있듯이 테르미도르의 반동 이후 상황은 변했고, 나폴레옹은 즉시 아이티를 재점령하기 위해 군대를 파견했다).

이런 이유에서 일찍이 샤를 모리스 드 탈레랑은 "아이티가 독립해 존재한다는 바로 그 사실"에 담긴 위협을 이렇게 표현한 바 있다. 아이티의 독립은 "모든 백인 국가들에게는 무시무시한 광경"이라고.[8] 따라서 아이티는 다른 국가들이 동일한 경로를 택하지 않도록 단념시키기 위해서 경제 실패의 결정적인 사례가 되어야만 했다. '성급한' 독립의 대가(말 그대로의 대가)는 참혹했다. 과거 식민지배 권력이었던 프랑스는 20년간의 봉쇄 이후인 1825년에야 무역과 외교관계를 정상화했고 아이티는 총 1억5천만 프랑을 노예 손실에 대한 '배상금'으로 지불하는 데 합의해야 했다. 이 액수는 당시 프랑스의 1년 예산에 거의 맞먹는 것으로서 얼마 뒤 9천만 프랑으로 줄어들었지만, 아이티의 경제적 성장을 끊임없이 저해하는 무거운 부담으로 작용했다. 19세기 말 아이티가 프랑스에 지불한 액수는 국가 예산의 약 80%에 해당했고, 1947년에야 마지막 지불이 이뤄졌다. 2004년 독립 2백주년을 축하하면서 라발라스의 대통령 장-베르트랑 아리스티드는 이렇게 강탈한 배상금을 반환하라고 프랑스에게 요구했지만 그의 권리주장을 (레지 드브레가 그 일원이기도 한) 프랑스의 위원회는 단호하게 거절했다. 그래서 미국의 자유주의자들이 미국 흑인들에게 노예제에 대해 배상할 수 있는 가능성을 숙고하는 동안, 프랑스의 자유주의자들은 노예상태에서 벗어나 자유를 인정받기 위해 지불해야만 했던 엄청난 금액을 환불해달라는 아이티의 요구를 묵살했다. 처음에는 노예로서 착취당하고, 그 다음에는 힘들게 획득한 자유를 인정받기 위해 돈을 지불할 수밖에 없었다는 의미에서 이중으로 강탈당한 아이티의 요구를 말이다.

이야기는 오늘날까지 이어진다. 우리 대부분에게 즐거운 어린 시절의 기억(진흙 쿠키 만들기)이 시테솔레이유 같은 아이티 빈민가에서는 절망적인 현실이다. 최근의 AP 보도에 따르면 식량가격이 치솟자 공복감을 달래는 아이티인들의 전통적인 처방이 새롭게 힘을 얻고 있다고 한다. 그것은 바로 노란 흙을 말려서 만든 과자이다. 진흙은 오랫동안 임산부와 아이들의 제산제制酸劑이자 칼슘 공급원으로 귀하게 여겨졌고, 진짜 식량에 비해 훨씬 저렴하다. 지금은 5달러어치의 흙이 있으면 진흙 쿠키 1백 개를 만들 수 있다. 상인들이 아이티의 중앙 고원에서 시장으로 흙을 운반해오면, 여성들은 그 흙을 사다가 진흙 쿠키를 만들어 불타는 태양 아래에서 말린다. 완성된 쿠키는 들통에 담겨져 시장이나 거리에서 팔려나간다.

흥미로운 사실은 아리스티드 정권을 전복하기 위한 미국과 프랑스의 공조가 2003년의 이라크 침공을 둘러싸고 양국간에 벌어진 공공연한 의견 대립 직후 이뤄졌고, 간헐적인 갈등보다 우선하는 양국의 기본적인 동맹관계를 매우 적절하게 재확인시켜준 사건으로 칭송받았다는 점이다. 심지어 안토니오 네그리의 영웅인 브라질의 대통령 루이스 이나시우 룰라 다 실바도 2004년에 벌어진 아리스티드 정권의 전복을 묵인했다. 그 와중에 신성하지 않은 동맹이 결성되어 라발라스의 정권은 인권을 무시하는 중우정치이며, 아리스티드 대통령은 권력욕에 사로잡힌 근본주의적 독재자라고 격하했다. 불법적인 용병 암살부대뿐만 아니라 미국의 지원을 받는 '민주전선,' 인도주의적인 NGO, 그리고 정작 자신들은 미국의 돈을 받으면서 아리스티드가 IMF에 '항복'했다고 비난하는 '급진 좌파' 단체 등이 모두 이 동맹의 일원이다. 아리스티드는 급진 좌파와 자유주의 우파의 이런 중첩을 명쾌하게 설명한 바 있다. "어디에서든 어떻게 해서든 힘 있는 백인들이 듣고 싶어 하는 것을 말하는 데서 약간의 은밀한 만족감, 아마도 무의식적인 만족감을 느끼는 사람들이 있기 마련입니다."[9] 요컨대 지배이데올로기는 종종 좌파의 '자아-이상' 안에 남아 있기도 하다.

4 아이티의 사례는 서구 맑스주의의 (결정적인) 주된 문제, 즉 혁명 주체의 부재라는 문제를 새롭게 볼 수 있도록 해주기도 한다. 어떻게 노동계급은 즉자적 계급에서 대자적 계급으로 완전히 이행하지 않으면서도 스스로를 혁명 주체로 구축할 수 있는가? 서구 맑스주의가 정신분석학을 참조할 수밖에 없었던 데는 이런 문제가 원인을 제공했다. 요컨대 노동계급의 존재 자체(사회상황)에 각인된 계급의식이 발흥하지 못하게 가로막는 무의식적인 리비도적 기제를 설명할 필요가 있었던 것이다. 이런 방식으로 맑스주의의 사회-경제적 분석의 진리는 구제되고, 중간계급의 출현 등에 관한 '수정주

의' 이론에 양보해야 할 이유도 없어졌다. 이와 똑같은 이유로 서구 맑스주의는 적극적이지 않은 노동계급을 대신해 혁명 주체의 역할을 할 다른 사회적 행위자를 계속 찾아 나섰다. 제3세계 농민, 학생, 지식인, 배제된 집단 등등.

 페터 슬로터다이크의 명제가 담고 있는 진리의 핵심이 여기에 있다. 이 명제에 따르면 그동안 쌓인 모든 빚이 청산되고 혼란스러운 세계가 결국 제자리로 돌아올 최후의 심판이 있으리라는 생각은 근대 좌파 기획에 의해 세속화된 형태로 계승됐다. 단, 이때 심판의 주체는 더 이상 신이 아니라 민중이다. 좌파의 정치운동은 '분노의 은행' 같은 것이다. 이 운동은 대규모의 복수와 전지구적 정의의 재확립을 약속하며 사람들로부터 분노를 투자받는다. 그러나 분노의 혁명적 폭발 이후에도 사람들은 완전히 만족할 수 없고, 불평등과 위계적 질서마저 다시 등장한다. 이 때문에 (진실로 완전한) 제2차 혁명을 일으켜 실망한 사람들을 만족시키고 진정으로 해방의 임무를 완성하라는 압력이 늘 발생하게 된다. 1789년 혁명 이후의 1792년 혁명, 1917년 2월 혁명 이후의 10월 혁명 등을 떠올려보라. 문제는 분노-자본이 결코 충분하지 않다는 데 있다. 민족적인 것이든 문화적인 것이든, 다른 분노를 빌리거나 그것들과 자신의 분노를 결합시켜야 하는 이유가 바로 여기에 있다. 파시즘에서는 민족적 분노가 우세했다. 마오쩌둥의 공산주의는 프롤레타리아트가 아닌 착취 받는 빈농들의 분노를 동원했다. 전지구적 분노의 잠재력이 고갈된 우리 시대에는 이제 두 가지 형태의 가장 주된 분노만이 남아 있다. 이슬람(자본주의적 세계화가 낳은 희생자들의 분노)과 '비합리적인' 청년들이 폭발시키는 분노가 그것이다. 혹자는 이에 덧붙여 라틴아메리카의 포퓰리즘, 생태주의, 반-소비주의, 그리고 다른 반反세계화 운동의 원한을 언급할 수 있을 것이다. 포르투알레그레의 운동은 이런 분노를 집결시킬 전지구적 은행이 되는 데 실패했다. 왜냐하면 적극적인 대안이 없었기 때문이다.[10]

혁명 주체로서의 노동계급이 겪을 실패는 이미 볼셰비키혁명 한가운데 내장되어 있었다. 레닌은 실망한 농민이 지닌 '분노의 잠재력'을 탁월하게 감지했다. 10월 혁명은 대다수 농민의 불만이 극단화된 짧은 순간을 "토지와 평화"라는 구호로 포착한 덕분에 승리했던 것이다. 레닌은 이미 10년 전부터 이런 노선에서 사유하고 있었는데, 바로 이 때문에 1906년 당시 총리였던 표트르 스톨리핀이 새롭고도 강력한 자영농계급을 창출하려는 목적으로 실시한 토지개혁이 성공할 가능성을 두려워했다. 레닌은 스톨리핀이 성공한다면 앞으로 수십 년간 혁명의 기회는 사라질 것이라고 썼다.

쿠바에서 유고슬라비아에 이르기까지 성공한 사회주의혁명은 모두 이런 모델을 따라서 민족해방이나 다른 '분노 자본'을 흡수했고, 극도의 임계상황에서 기회를 포착했다. 물론 헤게모니 논리의 신봉자들은 이렇게 말할지도 모르겠다. 이것은 혁명의 극히 '정상적인' 논리일 뿐이며, 언제나 극도로 우연적이면서도 특정할 뿐만 아니라 독특하기까지 한 일련의 상황에 의존하기 마련인 다양한 요구들이 서로 동등하게 취급될 때에만 정확히 '임계질량'에 도달할 수 있는 것이라고 말이다. 그리고 혁명은 모든 적대가 거대한 일자big One 안으로 붕괴될 때가 아니라 각각의 적대가 서로의 힘을 결합해 상승

작용을 일으킬 때에만 발생한다고 말이다. 그러나 문제는 보다 복잡하다. 단지 대문자 역사 같은 것은 존재하지 않고, 역사란 우연적이고 개방적인 과정이기 때문에 혁명은 역사의 기차에 탑승하지도, 역사의 법칙을 따르지도 않는다는 사실이 중요한 것이 아니다. 오히려 중요한 것은 다른 데 있다. 마치 대문자 역사의 법칙, 혹은 뭔가 명확하고 지배적인 역사적 발전의 주된 방향 같은 것이 존재하는 듯하며, 혁명은 오직 "흐름을 거슬러" 그런 방향에서 약간 이탈할 때에만 발생할 수 있는 것 같다는 점, 바로 이것이 중요하다. 혁명가들은 인내심을 가지고 체계가 공공연히 오작동을 하거나 붕괴하는 (통상 매우 짧은) 시기를 기다렸다가 열린 기회를 포착하고, 그 순간에 거리에 나와 있는 권력을 장악해야 한다. 그들이 권력을 장악한 채 그 장악력을 강화하고, 억압적 기구 같은 것을 만들면, 즉 혼란의 순간이 끝나면 다수가 정신을 차리고 새로운 정권에 실망한다. 그러나 이때쯤이면 권력이 이미 확고하게 자리를 잡은 것이기 때문에 정권을 제거하기에는 너무 늦게 된다. 구舊유고슬라비아 공산당이 전형적인 사례이다. 제2차 세계대전 내내 유고의 공산주의자들은 독일 점령군에 맞서는 저항운동에서 가차 없이 헤게모니를 휘둘렀다. 그들은 다른 ('부르주아') 저항세력 전체를 적극적으로 파괴하며 반파시즘 투쟁이라는 역할을 독점하는 동시에 자신들의 투쟁이 공산주의적이라는 사실을 철저히 부인했다(만일 누군가 전쟁만 끝나면 공산주의자들이 권력을 장악해 공산주의 혁명을 일으킬 것이라고 공식적으로 발언하면, 그 사람은 적의 선전내용을 유포했다는 이유로 즉각 비난받았다). 전쟁이 끝나고 공산주의자들이 완전히 권력을 장악하자마자 모든 것은 순식간에 바뀌었고, 이렇게 생긴 정권은 그 공산주의적 성격을 만천하에 드러냈다. 공산주의자들은 1946년 정도까지 진정한 대중의 지지를 받았는데도, 1946년의 총선거에서 공공연하게 부정을 저질렀다. 자유선거에서 쉽게 이겼을 텐데 왜 그랬냐고 질문을 받았을 때 그들은 (물론 사석에서) 이렇게 대답했다. 그것은 사실이지만 4년 뒤의 다음 선거에서 패할지도 모르니 어떤 선거를 용인할 수 있는지 지금 당장 확인하는 편이 낫다고 말이다. 요컨대 공산주의자들은 자신들에게 권력을 쥐어줄 유일무이한 기회를 잘 알고 있었던 셈이다. 따라서 자신들이 대중의 지지 아래 진정으로 장기적인 헤게모니를 구축하고 유지하는 데 실패할지도 모른다는 인식은 애초부터 고려되고 있던 것이다.

오늘날 우리는 이런 관점을 완전히 바꿔 예전처럼 사회가 해체되어 권력을 장악할 수 있는 짧은 호기가 마련되는 예측불허의 기회를 인내하며 기다리는 [악]순환을 깨야 한다. 아마도, 정말 아마도, 이런 극단적인 기다림과 [또 다른] 혁명 주체에 대한 탐색은 그것과 정반대되는 상황의 외형, 즉 [진짜로] 혁명 주체를 발견하게 되고, 어디서 그들이 움직이는지 알게 되지 않을까 하는 두려움의 외형을 띠고 있다. 가령 오늘날 개인 은행서비스에서 초대받은 사람만 들어갈 수 있는 헬스클리닉에 이르기까지 생활 전반에 걸쳐 확산되고 있는 '회원제 현상'the members-only phenomenon은 무엇을 말해주는가? 돈 있는 사람들은 갈수록 꽁꽁 잠가둔 문 뒤에서 살아간다. 그들은 언론의 관심이 집중된 행사에 가기보다는 공연, 패션쇼, 전시회 등을 사적으로 자기 집에서 연다. 그들은 영업시간 외 쇼핑을 하며 격조와 현금을 보유한 이웃(그리고 잠재적인 친구들)을 둔다. 말하자면, 새로운 전지구적 계급은 인도 여권을 지녔고, 스코틀랜드에 성이 있고, 뉴욕에 임시거처가 있고, 카리브 해에 개인 소유의 섬이 있는 그런 사람으로 등장한다. 역설적인 것은 이 전지구적 계급의 구성원은 사적으로 식사하고, 사적으로 쇼핑하고, 사적으로 예술품을 감상하는, 모든 것이 사적인 계급이다. 따라서 그들은 자신의 해석학적 문제를 해결하기 위해 자기만의 생활세계를 창조한다. 토드 밀레이가 말했듯이 "부유한 가문의 사람들은 3억 달러의 재산을 갖고 있다는 게 어떤 것인지, 자신들이 초대한 [다른 계급의] 손님이 이해할 수 있으리라 기대하지 않는다."4) 그렇다면 부자들은 외부 세계와 어떻게 접촉할까? 충분히 예상할 수 있듯이, 이중적으로 접촉한다. 한편으로는 사업을 통해, 다른 한편으로는 인도주의를 통해(환경, 질병퇴치, 예술활동 지원 등). 이 '전지구적 시민들'은 파타고니아[아르헨티나 남부의 고원]에서 트레킹을 하고, 개인 소유의 섬에서 수영하는 등 주로 인간의 손길이 닿지 않는 자연에서 자신만의 삶을 영위한다. 이처럼 문을 걸어 잠근 초특급 부자들의 기본적인 생활태도가 공포, 외부의 사회적 삶 자체에 대한 공포라는 것은 쉽게 알 수 있다. 그러므로 이 "초고소득자들"이 최고로 우선시하는 것은 안전상의 위험(질병, 혹은 폭력 범죄의 위협에 노출되는 일)을 최소화하는 것이다.

---

4) Emily Flynn Vencat and Ginanne Brownell, "Ah, the Secluded Life," *Newsweek*, December 10, 2007. 재인용. [토드 밀레이는 부유한 개인들이나 가문들끼리의 사적 네트워크를 전문적으로 운용해주는 CCC얼라이언스(보스턴 소재의 회원제 회사)의 파트너로 일하고 있다.]

그렇다면 외부와 차단된 지역에 사는 이 '전지구적 시민들'은 빈민가나 여타 공적 공간의 '백반'white spots에 사는 사람들의 반대편 극단에 있는 것이 아닐까? 이 둘은 동전의 양면이며 신종 계급분할의 두 극단이다. 이런 분할에 가장 근접한 도시는 번화가에 2백50개의 헬기착륙장이 있는 도시, 즉 룰라의 브라질에 있는 상파울로이다. 일반인들과 섞일 위험을 피하려는 부자들은 헬기를 선호하기 때문에 상파울로를 둘러보면 확연히 『블레이드 러너』나 『제5원소』 같은 영화 속의 미래 도시에 와 있는 느낌을 받는다. 위험한 땅바닥에 일반인들이 우글거린다면, 부자들은 저 위의 공중을 떠다닌다.

5 이제 아이티로 돌아오자. 라발라스의 투쟁은 원칙주의적인 영웅주의, 그리고 오늘날 할 수 있는 것의 한계를 보여주는 본보기이다. 이 투쟁은 국가권력의 틈새로 물러나 거기서 '저항'하지 않고 영웅적으로 국가권력을 장악했다. 자본주의적 '근대화'와 '구조조정,' 그리고 탈근대적 좌파(룰라의 브라질 통치를 칭송하던 네그리의 목소리는 어디에 있었나?)의 모든 경향이 자신들에게 맞설 때, 그들은 자신들이 가장 불리한 상황에서 집권했다는 사실을 잘 알고 있었다. '필수적인 구조조정'을 법제화하기 위해 미국과 IMF가 부과한 조치들에 제약당하면서도 아리스티드는 몇 가지 정확하고 실용적인 조치를 취하는 정책(학교와 병원의 건설, 사회기반시설 확충, 최저임금 인상 등)을 간헐적으로 터져 나오는 대중들의 폭력과 결합시킴으로써 군부 패거리들에 맞섰다. 아리스티드는 간혹 '페르 르 브륀'(대중이 행사하는 일종의 자기방어로서, 불타는 타이어를 목에 걸

어둬 경찰의 암살자나 정보원을 죽이는 행위이다. 얄궂게도 이것은 포르토프랭스의 타이어 판매업자 이름이었는데 나중에는 대중의 모든 폭력행사 형태를 뜻하게 됐다)을 묵과하기도 했다. 첨예한 논쟁을 불러일으킨 이 사안으로 인해 아리스티드는 센데로루미노소[11]나 폴포트와 동급 취급을 당했다. 1991년 8월 4일 연설에서 아리스티드는 열광하는 군중에게 "언제, 그리고 어디서 폭력을 사용할지"를 기억하라고 조언했다. 그 즉시 자유주의자들은 라발라스의 대중적인 자경단(키메라 Chimeres)과 악명 높은 뒤발리에 독재정권의 암살조직(통통마쿠트 tonton macoutes)을 비교했다. 자유주의자들은 늘 좌파와 우파를 '근본주의자'라고 동급 취급하는 전략을 선호한다. 그렇게 하면 사이먼 크리즐리처럼 알카에다가 레닌주의 정당의 새로운 화신이라도 되는 양 말할 수밖에 없다.[12] 아리스티드는 이 자경단에 대해 이렇게 말했다.

> 그 이름[키메라]이 모든 것을 말해줍니다. 자경단에 소속된 사람들은 빈곤 속에서, 심각한 위험상태에서, 그리고 만성적인 실업상태에서 살아온 사람들입니다. 그들은 구조적인 불의, 체계적인 사회폭력의 희생자들이죠. …… 그들이 언제나 동일한 이 사회의 폭력으로부터 이득을 얻은 사람들에게 맞설 수밖에 없다는 사실은 전혀 놀라운 일이 아닙니다.[13]

이처럼 대중이 절박하게 행사하는 폭력적인 자기방어는 발터 벤야민이 말한 '신의 폭력'의 실례이다. '선과 악 너머'에 있는 이런 행위는 윤리적인 것을 정치-종교적으로 유예시킨다. 일상의 도덕의식에 비춰보면 지금 언급하고 있는 행위는 살인이라는 '부도덕한' 행위로만 보이겠지만, 그 누구에게도 이 행위를 비난할 권리는 없다. 왜냐하면 이 행위는 국가와 경제가 수년, 수세기에 걸쳐 체계적으로 자행한 폭력과 착취에 대한 응답이기 때문이다. 장 아메리[14]는 프란츠 파농을 언급하며 바로 이런 점을 지적했다.

> 나는 내 몸이며 그 이외에 어떤 것도 아니었다. 굶주리고, 내가 그 고통을 감당하고 처리해야 한 구타를 당하던 내 몸. 망가지고 오물을 뒤집어 쓴 내 몸은 내게 닥친 고난이었다. 맞서서 움츠려든 내 몸은 내 자신의 물리적이고 형이상학적인 존엄성이었다. 내가 처한 것과 같은 상황에서 물리적 폭력이란 분해된 인격을 되찾기 위한 유일한 수단이다. 주먹질을 할 때 나는 나 자신이었다. 나 자신에게, 그리고 내 적에게. 내가 나중에 프란츠 파농의 『대지의 저주받은 사람들』을 읽었을 때, 그러니까 그 책에서 식민지 민중의 행태에 대한 이론적 분석을 읽었을 때, 나는 내가 언제 사람의 얼굴에 주먹질을 함으로써 나의 존엄성에 구체적인 형태를 부여하게 됐는가를 회고적으로 예감했다.5)

---

5) Jean Améry, *At the Mind's Limits : Contemplation by a Survivor on Auschwitz and Its Realities*, trans. Sidney and Stella P. Rosenfeld, Indiana: Indiana University Press, 1980, p.91. [영어 원문에서와는 달리 지젝은 프랑스어판에서 인용구를 다음과 같이 바꿨다. "행복해지기 위해서 자유를 누리기만 하면 됐다면, 나는 자유를 쟁취하기 위해 싸웠던 영국군, 미국군, 러시아군의 도움을 받는 데 만족해야 했을 것이다. 하지만 나는 만족할 수 없었다. 알제리 독립을 선물로 받았던 프란

일찍이 헤겔 역시 이와 동일한 사실을 시적한 바 있다. 사회(기성의 사회질서)가 어떻게 주체로 하여금 자기 자신의 실체적 내용과 인정을 찾게 만드는 궁극의 공간이 되는지, 다시 말해서 어떻게 주관적 자유가 보편적인 윤리적 질서의 합리성 속에서만 스스로를 실현시킬 수 있는지를 강조할 때, 헤겔은 (명시적으로 언급하고 있지는 않지만) 이런 사태의 이면, 즉 이런 인정을 찾지 못한 사람들은 봉기할 권리 역시 갖는다는 사실을 암시했던 것이다. 만일 일군의 사람들이 체계적으로 자신들의 권리, 인격적 존엄성을 박탈당한다면, 바로 그 사실 자체에 의해 그들은 사회질서에 대한 의무에서도 벗어나게 된다. 왜냐하면 그 질서는 더 이상 그들의 윤리적 실체가 아니기 때문이다. 혹은 앨런 우드를 인용하자면 "사회질서가 자신의 윤리적 원칙을 실현하는 데 실패한다면 그것은 곧 그 원칙을 스스로 파괴한 것과 같다."[15] 경멸적인 어조로 '천민'에 대해 썼다고 해서 헤겔이 그들의 봉기를 합리적인 것으로 충분히 정당화했다는 점을 무시해서는 안 된다고 지적하는 우드의 말은 지극히 정당하다. '천민'은 체계적으로, 즉 우연적이지 않은 방식으로 [사회질서의] 윤리

츠 파농도 그렇지 않았다. 사람들이 그런 선물을 주고 싶어 했다고 가정한다 손 치더라도 말이다(물론 그것은 불가능하다). 자유와 존엄은 자유와 존엄을 위한 폭력에 의해 쟁취되어야만 한다. 다시 한 번 말하건대, 왜 그런가? 나는 파농이 피하고 있는 복수라는 금기시되는 주제를 도입하는데 한 치의 두려움도 없다. 억압적 폭력에 맞서는 복수의 폭력은 부정적 평등, 고통의 평등을 만들어낸다. 억압적 폭력은 평등의 부정이요, 인간에 대한 부정이다. 혁명적 폭력은 고도로 인간적이다." Jean Améry, "L'homme enfanté par l'esprit de la violence," *Les Temps modernes*, no.635-636, novembre-décembre 2005-janvier 2006, p.184.]

적 실체가 인정하기를 거부한 일군의 사람들이다. 그러니 그들은 사회에 빚진 것이 아무것도 없으며, 의무에서도 면제된다.[16] 잘 알려져 있다시피 맑스의 분석은 바로 이 점에서 출발한다. '프롤레타리아트'는 '합리적'인 사회적 총체의 '비합리적' 요소, 즉 설명될 수 없는 "부분을 차지하지 않는 부분[몫 없는 몫]"으로서 사회에 의해 체계적으로 창출되지만 그와 동시에 이 총체를 규정하는 기본권을 부인당하는 그 어떤 존재를 지시한다.

　그렇다면 신의 폭력은 무엇인가? 신의 폭력이 발생하는 장소는 극히 정밀한 형식적 방식으로 확정될 수 있다. 바디우는 이미 피대표자[재현되는 것]에 대한 대표[재현]의 구성적 과잉에 대한 논리를 정교화한 바 있다. 법률의 수준에서 국가권력은 단지 주체들[신민]의 이해관계 등을 대표할 뿐이다. 국가권력은 그들에게 봉사하며 책임을 지고 그들의 통제에 종속된다. 그러나 그 아래 초자아의 수준에서 책임에 대한 공적 메시지 등은 권력의 저속하고 무조건적인 메시지에 의해 보충된다. 법률은 진정 나[국가권력]를 구속하지는 못한다, 나는 내가 원하는 무엇이든 너에게 할 수 있다, 내가 결정하면 너는 죄인 취급을 받을 수 있다, 내가 그렇게 하기로 말하면 너를 파괴할 수도 있다 등등. 이런 저속한 과잉은 주권 개념의 필연적인 구성요소이다. 여기서의 비대칭성은 구조적이다. 즉, 오로지 신민들이 법률에서 저속하고도 무조건적인 자기주장의 메아리를 들을 때에만 법률은 그 권위를 유지할 수 있다. 민중이 행사하는 '신의 폭력'은 이런 권력 과잉의 상관항이자 동전의 다른 면이다. 신의 폭력은 이 과잉을 겨냥하고 그 기초를 위협한다.

6 "국가권력의 장악을 위해 투쟁하거나(그것은 우리가 맞서 싸우던 적과 우리를 똑같게 만든다) 국가와 거리를 두는 저항을 위해 후퇴한다"라는 식의 양자택일은 거짓된 것이다. 양자는 동일한 가정을 공유한다. 즉, 국가형태는 우리가 알듯이 여기에 그대로 있기 때문에 우리가 할 수 있는 것은 그것을 장악하거나 그로부터 거리를 취하는 것뿐이라는 가정 말이다. 이때 우리는 레닌의 『국가와 혁명』이 주는 교훈을 당당하게 되풀이해야 한다. 즉, 혁명적 폭력의 목표는 국가권력을 장악하는 데 있는 것이 아니라 국가권력을 변형시키고 그 기능방식과 토대와의 관계 등을 근본적으로 바꾸는 데 있다는 그 교훈을 말이다. 바로 여기에 '프롤레타리아트 독재'의 핵심 구성요소가 있다. 뷜렌트 소메이는 이런 지위를 지닌 프롤레타리아트의 자격요건이 궁극적으로 부정적인 특징에 있다는 점을 옳게 지적했다. 다른 모든 계급은 (잠재적으로) '지배계급'의 지위에 도달할 수 있는 능력이 있다. 달리 말해서, 그들은 국가장치를 통제할 수 있는 계급으로 스스로를 성립시킬 수 있는 역량이 있다.

노동계급을 행위자로 만들고 그들에게 임무를 부여하는 것은 그들의 빈곤도 아니고, 전투적인 준(準)군사조직도 아니고, (대부분 공업으로 분류되는) 생산수단에의 근접성도 아닙니다. 스스로 또 다른 지배계급이 될 수 있는 자신들의 능력을 구조적으로 박탈당할 때에만 노동계급은 그런 임무를 부여받습니다. 프롤레타리아트는 자신의 반대 계급을 폐지하는 행위를 통해서 자신들도 폐지하는 역사상 유일한 (혁명) 계급이죠.[6)]

이런 통찰에서 도출될 수 있는 유일하게 타당한 결론은 이렇다. '프롤레타리아 독재'는 일종의 (필연적) 모순어법이며, 프롤레타리아트가 지배계급이 되는 국가형태도 아니다. 민중의 새로운 참여형태에 근거해 국가 자체가 근본적으로 뒤바뀔 때에야 비로소 우리는 '프롤레타리아트 독재'를 실제로 갖게 된다. 숙청으로 사회의 전체 구조가 풍비박산 난 스탈린주의의 절정기에 새로운 헌법이 소비에트 권력의 '계급적' 성격이 끝났음을 선포하고(과거에 배제됐던 계급 구성원들에게 다시 투표권이 주어졌다), 사회주의 정권들이 '인민민주주의'(이로써 사회주의 정권들이 '프롤레타리아트 독재'가 아니었다는 사실이 확실하게 드러났다)라고 불렸다는 사실이 꼭 위선이었던 것만은 아닌 이유가 바로 여기에 있다. 이렇듯 민주주의가 충분하지 않은 곳에서는 피대표자에 대한 대표의 구성적 과잉이 문제가 된다.

민주주의는 소외를 최소화할 것을 전제로 한다. 권력을 행사하는 자들은 그들 자신과 민중 사이의 재-현을 위한 공간이 최소화될 때에만 민중에게 책임을 질 수 있다. '전체주의'에서는 이 거리가 제거되고, 지도자가 민중의 의지를 직접 표현하는 것으로 생각된다. 물론 이 경우에는 (경험적으로 확인되는) 민중이 자신들의 지도자에게서 훨씬 더 소외되는 결과가 빚어진다. 지도자는 곧바로 진정한 민중 '그 자신,' 민중의 진정한 정체성, 민중의 혼란스러운 '경험적인'

---

6) 빌렌트 소메이와 나눈 개인적인 대화내용에서 인용함. [소메이(Bülent Somay, 1956~)는 터키의 비교문학 전공자로서, 현재 이스탄불 빌기대학교의 문화연구 박사과정 책임자로 있다.]

희망이나 이해관계와 대립되는 민중의 진정한 희망과 이해관계의 화신이 된다. 자신의 주체[신민]인 민중으로부터 소외되는 권위주의적 권력과는 정반대로, 여기서 '경험적으로 확인되는' 민중은 자기 자신으로부터 소외된다.

물론 이와 같은 사실이 결코 민주주의를 위하는, 그리고 '전체주의'를 거부하는 단순한 이유를 시사해주는 것은 아니다. 그와는 반대로 '전체주의'에는 진실의 순간이 있다. 일찍이 헤겔이 지적한 바 있듯이, 정치적 대표/재현이란 자기 자신이 원하는 바를 미리 알고 있는 사람들이 그 자신의 이해관계를 책임지고 옹호해야 한다고 대표자들을 강제하는 것이 아니다. 사람들은 자신이 원하는 바를 '즉자적으로'만 안다. 즉, 그들을 위해 그들의 이해관계와 목표를 '대자적으로' 공식화해주는 것은 바로 그들의 대표자이다. 따라서 '전체주의'의 논리는 대표된 '인민' 내부에 언제나-이미 존재하는 분열을 분명히 하고, '그 자체로' 제시한다.

여기서 지도자의 형상에 대한 극단적인 결론을 도출하기를 두려워해서는 안 된다. 하나의 규칙으로서의 민주주의는 실용적인 공리주의의 관성을 넘어설 수도, '재화의 제공'servicing the goods이라는 논리를 중단시킬 수도 없다. 이와 마찬가지로 결국에는 자기분석 같은 것도 할 수 없다. 왜냐하면 분석에 의한 변화는 오직 분석가라는 외부 인물과의 전이관계를 통해서만 발생하기 때문이다. 따라서 지도자는 대의를 위한 열정을 촉발시킴으로써 자신을 추종하는 사람들의 주관적 입장을 근본적으로 변화시키고, 그 추종자들의 정체성에서 '실체적인 변화'가 일어나도록 만들 필요가 있는 것이다.

이 사실은 권력의 궁극적인 문제가 "권력이 민주적으로 정당성을 갖느냐의 여부"가 아니라 "그 성격의 (비)민주성 여부와 무관하게, 주권권력 자체와 관련된 '전체주의적 과잉'의 특정한 성격('사회적 내용')이 무엇이냐?"라는 점을 보여준다. '프롤레타리아 독재'라는 개념은 바로 이 수준에서 작동한다. 여기서 권력의 '전체주의적 과잉'은 '몫 없는 자들의 몫'의 편에 서는 것이지 위계적 사회질서의 편에 서는 것이 아니다. 터놓고 말하면, 그 용어의 완전한 주권적 의미에서 권력을 잡고 있는 것은 결국 '몫 없는 자들'이다. 다시 말해서 '몫 없는 자들'의 대표자들이 텅 빈 권력의 장소를 일시적으로 점유하고 있고, 더 근본적으로는 '몫 없는 자들'이 국가적 대표의 공간 자체를 자기들 방식으로 '비틀고' 있다. 베네수엘라 대통령 우고 차베스와 볼리비아 대통령 에보 모랄레스는 '프롤레타리아 독재'의 현재적 형태라고 할 수 있는 것에 접근해간다고 할 수 있다. 비록 지지를 끌어내기 위해서 많은 다른 기관이나 운동과 협력하긴 하지만 차베스 정부는 빈민가의 소외계층과 우선적인 관계를 맺고 있다. 결국 차베스는 그들의 대통령이고, 그의 통치 아래에서 헤게모니를 쥔 세력은 그들이다. 비록 민주적 선거의 규칙을 존중하고는 있지만 차베스가 근본적으로 헌신하는 대상이자 자신의 정당성을 끌어내는 원천은 그런 규칙이 아니라 빈민가의 소외계층과 맺고 있는 특권적 관계라는 사실에는 의심의 여지가 없다. 바로 이것이 민주적인 형태의 '프롤레타리아 독재'이다.

그렇다면 우리는 이란의 시민사회에서 진행 중인 '자유주의 르네상스'를 상당히 무시하고 있는 서구 좌파의 위선에 대해서도 확실하게 이야기할 수 있다. 서구의 좌파는 이 운동의 핵심 인물들이 해임되거나 체포되는 등의 일이 벌어졌을 때 전혀 꿈쩍도 하지 않는다. 왜냐하면 이 '르네상스'가 기대고 있는 서구 지식인은 통상적인 반제국주의적 '급진파'가 아니라 위르겐 하버마스, 한나 아렌트, 리처드 로티, 심지어 앤소니 기든스 같은 인물들이기 때문이다.[17] 서구의 좌파는 이 운동이 권력분립, 민주적 정당성, 인권의 법적 보호 같은 '지루한' 내용을 옹호하기 때문에 그들을 의심의 눈초리로 바라본다. 요컨대 그들은 충분히 '반제국주의적'이거나 '반미적'으로 보이지 않는 것이다. 그러나 이런 사실에도 불구하고 더 근본적인 문제를 제기해야 한다. 서구 자유민주주의는 종교적이고 근본주의적인 정권을 제거할 수 있는 진짜 해법을 가져다주는가? 아니면 이들 정권은 자유민주주의 자체의 징후인 것인가? 알제리나 팔레스타인 지역에서 민주적인 '자유'선거가 '근본주의자들'에게 권력을 부여하는 경우에는 어쩔 텐가?

"[프롤레타리아] 독재란 민주주의의 철폐가 아니라 민주주의를 사용하는 방식이다"[18]라고 썼을 때 로자 룩셈부르크는 민주주의가 서로 다른 정치 주체에 의해 활용될 수 있는 텅 빈 틀(아돌프 히틀러 또한 어느 정도는 자유선거로 집권한 것이었다)이라는 점을 강조하려 했던 것이 아니었다. 오히려 룩셈부르크는 이 텅 빈 (절차적) 틀 자체에 '계급적 편향'이 기입되어 있다는 점을 강조하고 싶었던 것이다. '규칙 변경,' 즉 (자신들이 동원한 운동의 힘에 직접적으로 기대고, 또 다른 형태의 지역 자치단체를 활용해) 선거를 비롯한 여타의 국가 기제들뿐만 아니라 정치공간의 논리 전체를 바꾸려는 그들의 움직임이 선거로 집권한 급진 좌파를 좌파로 식별할 수 있게 해주는 표식인 이유가 바로 여기에 있다. 자신들의 기반인 헤게모니를 보장받으려면 그들은 민주적 형태의 '계급적 편향'을 올바르게 직관해 그에 따라야 한다.

옮긴이 후주

1. 민주주의라는 개념에 관한 권두노트

1) 본문에서 언급된 영역자는 그리스 고전 전문번역가로 알려진 해리스 래캄(Harris Rackham, 1868~1944)을 말한다. Aristotle, *The Athenian Constitution, The Eudemian Ethics, On Virtues and Vices*, Cambridge, MA: Harvard University Press, 1935. (래캄의 번역으로 나온 이 책은 총 23권으로 이뤄진 그리스어-영어 대역본 아리스토텔레스 전집의 20번째 권이다.) 한편 본문에서 인용된 두 번째 구절의 '폴리테이안'을 "정치가, 정부, 행정부, 혹은 시민의 일상과 업무"(투키디데스)라는 뜻으로 해석하면 이렇게 번역될 수도 있다. "[다중이] 만사를 직접 처리하게 됐다."

2) 본문에서 언급된 글의 원래 제목은 「경제」였다. Jean-Jacques Rousseau, "Écomonie ou Œconomie," *Encyclopédie ou Dictionnaire raisonné des sciences, des arts et des métiers*, tome.5, Paris: Antoine-Claude Briasson, et. als., 1755, 338 g. 『백과사전』(5권)에 수록된 항목 중의 하나였던 이 글을 루소가 따로 출판하면서(1758년) 제목을 "정치경제론"(Discours sur l'économie politique)으로 바꿨다.

3) Giorgio Agamben, *Il regno e la gloria: Per una genealogia teologica dell' economia e del governo*, n.ed., Torino: Bollati Boringhieri, 2009.

2. 민주주의라는 상징

1) Antoine Vitez(1930~1990). 전후 프랑스를 대표하는 연극인. 1958년 초현실주의자 루이 아라공의 비서가 되면서 연극계에 입문한 뒤 안톤 체호프, 블라디미르 마야코프스키 등 러시아를 대표하는 현대 극작가들

의 작품을 번역·연출하기도 했으며, 1984년에는 바디우의 희곡 『붉은 스카프』(L'Écharpe rouge, 1979)의 연출을 맡기도 했다.

3. 영원한 스캔들

1) Les Trente Glorieuses. 프랑스의 경제학자 장 푸라스티에(Jean Fourastié, 1907~1990)가 만든 신조어로서, 제2차 세계대전 직후인 1946년부터 석유위기 직후인 1975년에 이르는 프랑스의 경제성장기를 지칭한다. 프랑스 7월 혁명을 완성시킨 1830년 7월 27~29일의 '영광의 3일'(Les Trois Glorieuses)을 빗댄 표현이다.

2) Régis Debray, Max Gallo, Jacques Julliard, Blandine Kriegel, Olivier Mongin, Mona Ozouf, Anicet Le Pors, Paul Thibaud, "Républicains, n'ayons plus peur," Le Monde, 4 septembre 1998.

3) Pierre Rosanvallon, La Légitimité démocratique, Paris: Seuil, 2008, p.359.

4) Rosanvallon, La Légitimité démocratique, p.297.

5) Claude Lefort, Le temps présent: Écrits 1945~2005, Paris: Belin, 2007, p.623.

6) Miguel Abensour, La Démocratie contre l'État, Paris: PUF, 1997, p.54.

7) Abensour, La Démocratie contre l'État, p.88.

8) Alain Badiou, Abrégé de métapolitique, Paris: Seuil, 1998, p.25.

9) Jacques Rancière, La Mésentente: Politique et philosophie, Paris: Galilée, 1995, pp.37, 188.

10) Alain Badiou, De quoi Sarkozy est-il le nom?, Paris: Nouvelles éditions Lignes, 2007, p.34.

11) (Entretien avec Eric Aeschimann et Laurent Joffrin) Alain Badiou, "Le volontarisme de Sarkozy, c'est d'abord l'oppression des plus faibles," Libération, 27 janvier 2009.

12) Badiou, "Le volontarisme de Sarkozy, c'est d'abord l'oppression des plus faibles," ibid.

13) 2007년 프랑스 대통령선거 당시 사회당 후보인 루아얄(Ségolène Royal, 1953~)은 '참여민주주의'(démocratie participative)를 표방하며, 공약 발

표를 미룬다는 다른 후보들의 비난에도 불구하고 3개월간 인터넷 등을 통한 정책제안을 수렴해 '100대 정책'을 내놓은 바 있다. 루아얄이 가장 좋아하는 철학자로 랑시에르를 언급한 탓에 루아얄 측의 참여민주주의가 랑시에르의 정치철학에 기반을 두고 있다는 말들이 나왔다.

14) Le droit de détresse. 생존을 위협하는 급박한 위험에 처해 있는 사람이 그 위험을 피하기 위해 타인의 권리나 이익을 침해할 수 있는 권리. 헤겔은 『법철학 강요』(1821)에서 이 긴급권(Notrecht)을 인간의 자기보존 의지와 결부시켜 설명한다(§127). 예컨대 빵을 훔쳐야만 굶주리지 않을 수 있다면, 물론 그 행위는 타인의 재산을 침해한 것이지만, 그 행위를 일반적인 절도로 간주할 수 없다는 것이다. Georg Wilhelm Friedrich Hegel, *Werke*, band.7: Grundlinien der Philosophie des Rechts, Frankfurt am Main: Suhrkamp, 1979, S.239~240.

15) 이 단락에서 인용된 모든 문장은 루소의 말이다. 본문에서 인용된 순서대로 (중복을 무시하고) 쪽수를 밝히면 다음과 같다. 장-자크 루소, 이환 옮김, 『사회계약론』, 서울대학교출판부, 1999, 10, 27, 20, 20, 21, 21, 28, 30, 31, 23, 24, 36, 35쪽.

16) 이 단락의 모든 인용문 역시 루소의 말이다. 루소, 『사회계약론』, 40, 41, 41, 53, 53, 53, 54, 55, 57, 58쪽.

17) Lefort, *Le temps présent*, p.247.

18) 자크 랑시에르, 양창렬 옮김, 『정치적인 것의 가장자리에서』, 길, 2008, 71, 79, 260~261쪽.

19) 정확한 표현은 다음과 같다. "우리는 모두 우리 머릿속의 이미지에 사로잡혀 있다. 우리가 경험한 이 세계가 실제로 존재한다는 믿음에 말이다." Walter Lippmann, *The Essential Lippmann: A Political Philosophy for Liberal Democracy*, eds. Clinton Rossiter and James Lare, New York: Random House, 1963, pp.140~141.

20) L'Opposition ouvrière. 소련이 10월 혁명과 연이은 내전으로 전시공산주의 체제로 돌입한 직후인 1919년, 러시아공산당 내부에서 결성된 분파. 콜론타이(Alexandra Kollontai, 1872~1952)와 쉴리아프니코프(Alexander Shliapnikov, 1885~1937)가 주도한 노동자반대파는 내전 이후 공산주의

경제의 회복을 국가(당)가 아니라 노동조합이 주도해야 한다고 주장했다(이에 대해 트로츠키는 노동조합이 정부의 '기관'이 되어야 한다고 맞섰고, 레닌을 위시로 한 당내 우파는 트로츠키의 주장에 반대하면서도 당이 노동조합을 지도해야 한다고 주장했다). 이와 더불어 노동자반대파는 당내 관료주의를 청산하기 위해서 민주주의를 적극적으로 도입하고, 당과 정부에서 비노동자 출신을 축출하고, 예외적인 경우를 빼고는 모든 공직을 선출직으로 해야 한다고 주장했다. 숱한 논란 끝에 노동자반대파는 제11차 당대회(1922)를 통해서 모두 당으로부터 축출됐고, 이들 중 일부는 1923년 트로츠키가 스탈린을 견제하기 위해 조직한 좌익반대파(l'opposition de gauche)에 들어갔으나 스탈린의 대숙청 기간에 콜론타이를 제외한 모든 이들이 처형당했다.

21) Philippe Corcuff et Alain Accardo, éds., *La sociologie de Bourdieu: Textes choisis et commentés*, Bordeaux: Éditions Le Mascaret, 1986, p.132.

4. "오늘날 우리는 모두 민주주의자이다······"

1) 다음을 참조하라. 장-자크 루소, 이환 옮김, 『사회계약론』, 서울대학교 출판부, 1999, 40쪽.
2) Whig[gish] history. 영국의 역사학자 버터필드(Herbert Butterfield, 1900~1979)가 『휘그파의 역사 해석』(*The Whig Interpretation of History*, 1931)에서 당대, 특히 제1차 세계대전 이후 영국뿐만 아니라 유럽의 역사학계 전체가 공유하고 있던 역사관을 비판하기 위해 만든 표현. 버터필드 본인의 정의에 따르면, 당대 역사학계를 지배하고 있는 '휘그파의 역사관'이란 "직접적이고도 영속적으로 현재를 참조해 과거를 연구"하는 태도이다. 예를 들어서 인류가 행해온 모든 정치활동은 '현재'와 같은 자유와 계몽을 달성하기 위해서였다거나 영국 의회·입헌군주제로 오기 위한 것이었다고 보는 목적론적 태도, 그도 아니라면 과거의 모든 시대를 불문하고 인류는 의회·입헌군주제를 이상으로 추구했다고 주장하는 등 당대의 믿음을 과거로 투사하는 태도('현재론적' 해석) 등이 좋은 예이다. 한편, "신들끼리의 격렬한 싸움"이란 예수(개신교의 미국)와 알라(이슬람교의 아랍세계)의 싸움을 지칭하는 듯하다.

3) "사회계약은 유명무실한 형식이 되지 않기 위해서, 일반의지에 복종하기를 거부하는 자는 누구를 막론하고 모든 단체에 의해 그것을 따르도록 강요되어야 한다는 약속을 암암리에 내포하고 있다. 우선 이 약속이 있어야만 다른 약속들도 효력을 발생할 수 있기 때문이다. 이것은 개인이 자유롭게 되도록 강요한다는 것 외에 다른 의미가 없다. …… 이 조건이 없다면 사회적 계약들은 불합리하고 포악해지며 엄청난 폐단을 일으킬 것이다." 루소, 『사회계약론』, 25쪽.

5. 유한하고 무한한 민주주의

1) 여기서도 낭시는 칸트와의 유비를 사용하고 있다. 칸트가 말하는 의미에서 모호성(Amphibolie)이란 감성적 대상인 현상과 그에 대한 순수한 개념 사이의 혼동에서 발생하는 것이다. 임마누엘 칸트, 백종현 옮김, 『순수이성비판 1』, 아카넷, 2006, 496~522쪽.
2) 루소는 사회계약을 지속시킬 수 있는 결속력으로서 시민종교와 그 교의를 언급한 바 있다. 그 교의란 사회계약과 입법의 신성불가침성을 내용으로 하는 것으로서, 단순한 인간의 종교가 지닌 교리와는 달리 정치적인 합목적성을 갖는 것이다. 장-자크 루소, 이환 옮김, 『사회계약론』, 서울대학교출판부, 1999, 166~178쪽.
3) ungesellige Geselligkeit. 인간의 반사회적 성향이 사회를 발전시키는 수단으로 작용하기도 한다는 사실을 지칭하는 칸트의 표현. "자연이 인간에게 부여된 모든 자연적 소질을 발전시키는 데 사용하는 수단은 사회에서 이들 소질 사이에서 생기는 적대관계에 다름 아니다. 그러나 이 적대관계가 결국 사회의 합법적 질서를 설정하는 원인이 되는 것이다. 여기서 말하는 적대관계는 인간의 자연적 소실로서의 비사교적 사교성이다." 임마누엘 칸트, 이한구 옮김, 「세계시민적 관점에서 본 보편사의 이념」, 『칸트의 역사철학』, 서광사, 1992, 29쪽. 번역은 수정.

6. 민주주의에 맞서는 민주주의 '들'

1) Alain Finkielkraut(1949~   ). 프랑스의 철학자. 식민주의적·인종주의적 발언을 일삼아 숱한 논쟁을 불러일으켰다. 2005년 프랑스 축구 국가대표팀

을 일컬어 "흑인, 흑인, 흑인뿐"이라고 말하거나, '다인종 사회' 정책이란 '다인종주의자 사회'를 양산할 뿐이라고 일축하기도 했다.
2) Tiqqun. 1999년 "또 다른 공동체의 조건을 재창조한다"라는 모토 아래 결성되어 2001년까지 활동한 지식인들의 집단. 이들은 본명이 아니라 단체명으로 공동 저술을 했는데, 2008년 TGV 전복시도 혐의로 이들의 일원 중 하나였던 쿠파(Julien Coupat, 1974~)가 체포되면서 세인들의 관심을 끌었다. 아감벤이 이들의 '정신적' 후원자로 알려져 있기도 하다.
3) Trilateral Commission. 1973년 당시 미국 외교관계위원회의 수장 록펠러(David Rockefeller, 1915~)의 주도로 미국(북아메리카)-유럽-일본(태평양·아시아)을 잇는 '민주주의 국가들'의 협력체계를 도모한다는 목표 아래 결성된 세계 정계·재계 지도자들의 모임. 냉전을 비롯해 국제정치에 지대한 영향을 끼쳐왔다. 1976년 삼각위원회가 발표한 정책보고서를 보면 이들이 생각하는 '민주주의'를 잘 알 수 있다. "우리는 지금까지 경제가 성장하는 데는 잠재적으로 바람직한 제한들이 있어야 한다는 점을 배워왔다. 이와 마찬가지로 정치적 민주주의가 무한히 확장되는 데에도 잠재적으로 바람직한 제한들이 있어야 할 것이다." Michel Crozier, Samuel Huntington, and Joji Watanuke, *The Crisis of Democracy: Report to the Trilateral Commission of the Task Force on Governability of Democracies*, New York: New York University Press, 1975, p.106.
4) 자크 랑시에르, 양창렬 옮김, 『무지한 스승: 지적 해방에 대한 다섯 가지 교훈』, 궁리, 2008. 특히 3장을 참조하라.
5) Jacques Rancière, *La Haine de la Démocratie*, Paris: La Fabrique, 2005, p.106.
6) 자크 랑시에르, 양창렬 옮김, 『정치적인 것의 가장자리에서』, 길, 2008, 246쪽.
7) Jacques Rancière, *La Mésentente: Politique et philosophie*, Paris: Galilée, 1995, p.188.
8) 1830년 7월 27~29일을 말한다. 부르봉 왕조(샤를 10세)를 폐지시키고 오를레앙가의 루이 필립 1세를 프랑스의 왕('프랑스 국민의 왕')으로 선출한 이른바 '프랑스 7월 혁명'이 일어난 기간이다.

7. 민주주의를 팝니다

1) Cú Chulainn. 아일랜드 신화에 등장하는 반신반인의 영웅. 빛의 신 '루'와 얼스터 왕의 누이인 데히티네 사이에서 태어났다. 코나하트의 여왕 메이브의 군대가 얼스터를 침공했을 당시 17세였던 쿠훌린은 단신으로 메이브 여왕의 군대를 막아내 '얼스터의 수호신'으로 불리기도 한다.

2) 유럽헌법의 원래 명칭은 유럽헌법제정조약(Traité établissant une Constitution pour l'Europe)으로서 2004년 6월 18일 유럽이사회에서 합의됐다. 그러나 2005년 5월 29일과 6월 1일 프랑스와 네덜란드에서 이 조약의 비준이 부결된 뒤, 2007년 12월 13일 기존의 조약을 대체하는 리스본조약(이른바 EU 미니헌법)이 만들어졌다. 국민투표를 거쳐야 했던 유럽헌법과는 달리 리스본조약은 대부분의 국가에서 의회 비준만 거치면 됐기 때문에 무난한 통과가 예상됐으나, 아일랜드는 대법원의 결정에 따라 국민투표를 (유일하게) 강행했다. 따라서 정확하게 말하면 "부결"된 것은 유럽헌법제정조약이 아니라 리스본조약이다. 한편, 2009년 10월 3일 재실시된 국민투표를 통해 아일랜드는 리스본조약을 승인했다. 그에 따라 유럽이사회는 2009년 12월 1일 리스본조약을 공식 발효했다.

3) 아시아-아프리카회의(Asian-African Conference)가 정식 명칭인 반둥회의는 1955년 4월 18~24일 인도네시아의 반둥에서 개최됐다. 인도네시아, 스리랑카, 버마, 인도, 파키스탄 등 5개국의 발기로 소집된 이 회의는 냉전이라는 당시 정세 속에서 아시아와 아프리카 국가들간의 긴밀한 관계 수립, 중립 선언, 식민주의의 종식 등을 목적으로 했다. 따라서 본문의 표현("반둥회의의 메아리")은 단순한 거수기가 되기를 거부한 아일랜드인들의 태도가 마치 유럽 열강의 식민지였던 과거사를 직시해 그런 지배-피지배의 역사가 되풀이되지 않도록 노력한 반둥회 참가국들의 태도와 비슷해 보였다는 말이다.

4) Loi anticasseurs. 범죄행위가 발생한 집회를 조직하거나 그 집회에 가담한 사람들은 실제로 본인이 그 범죄행위에 가담했든 안 했든 무조건 유죄라고 규정한 법.

5) Jean-Paul Sartre, "Élections, piège à cons," *Les temps modernes*, no.318, janvier 1973.

6) Parti de l'Ordre. 제헌의회 시기(1848~49년) 공화파, 산악파와 더불어 의회를 삼분했던 파벌로서 재산, 가족, 종교, 질서의 유지를 주장해 이런 이름이 붙었다. 공화파는 나폴레옹의 실각 이후에 등장한 두 개의 왕정(부르봉 왕조와 오를레앙 왕조) 지지자들의 연합세력, 산악파는 프티부르주아지 세력, 질서파는 부르주아지 세력이었다. 1849년 1월 27일 산악파가 사회주의자들과 연합해 사회민주당을 만들자 당시 대통령이었던 루이 보나파르트는 이에 위협을 느끼고 질서파를 지원. 그 해 5월 13일 실시된 입법국민의회 선거에서 질서파는 다수당이 됐다(7백50석 중 5백석). 그 뒤 질서파는 보나파르트와 함께 반동정치를 실시했으나, 1851년 12월 2일 보나파르트의 쿠데타로 몰락했다. 1852년 11월 21일 보나파르트는 제정 부활을 묻는 국민투표를 실시해, 12월 2일 제2제정을 선포하고 자신을 나폴레옹 3세라 칭했다.
7) 아르튀르 랭보, 이준오 옮김, 『랭보 시선』, 책세상, 1990, 243쪽.
8) 보들레르는 '넝마주이'를 "근대 시인의 형상"이라고 즐겨 말했다. 둘 모두 "대도시가 내팽개쳤고, 잃어버렸고, 경멸했고, 짓밟은 모든 것 …… 즉, 쓰레기"를 정리·수집해 그 쓰레기를 '보물'로 만드는 존재라는 것이다. Charles Baudelaire, "Du vin et du haschisch"(1851), Œuvres complètes, tome.1, Paris: Gallimard, 1975, p.381. 한편 발터 벤야민은 이런 보들레르의 표현을 되받아, 작가란 "지팡이로 헤집어 이야기의 누더기와 언어의 자투리를 찾아내는 꼭두새벽의 넝마주이 …… 혁명의 날 꼭두새벽에 일하는 넝마주이"라고 말하기도 했다. Walter Benjamin, "S. Kracauer, Die Angestellten: Review"(1930), Gesammelte Schriften, Bd.III, Frankfurt am Main: Suhrkamp, 1972, S.226~228.
9) 랭보, 『랭보 시선』, 237쪽.
10) 랭보, 『랭보 시선』, 228쪽.
11) 아르튀르 랭보, 함유선 옮김, 『나쁜 혈통』, 밝은세상, 2005, 137~138쪽.
12) Fig leaf. 선악과를 먹은 아담과 이브가 자신의 치부를 가릴 때 무화과 나뭇잎을 쓴 사실에서 유래해, 흔히 "곤란한 사실이나 사정을 가리기 위한 것"의 뜻으로 쓰인다.
13) 1917년 4월 2일 우드로 윌슨이 양원합동회의에서 독일에게 선전포고

를 하기 위해 했던 말. "민주주의를 위해서 이 세계를 안전하게 만들어야 합니다. …… 우리에게는 이기적인 목적이 없습니다. 우리는 정복하기도, 지배하기도 원하지 않습니다. …… 우리는 [자유와 민주주의라는] 인류의 권리가 안전해진다면 그것으로 만족할 것입니다."

14) 랭보, 『나쁜 혈통』, 125~126쪽.

15) "사랑은 재창조되는 것이다"(l'amour est à réinventer). 아르튀르 랭보, 김현 옮김, 「헛소리 1」, 『지옥에서 보낸 한 철』, 민음사, 2004, 11쪽.

8. 민주주의에서 신의 폭력으로

1) 이 '정치적인 이유'를 처음 제시한 것은 당시 집권여당이던 시민민주당 소속 의원 히네크 파이몬이었다. 파이몬의 주장에 따르면 1918년에는 토마시 마사리크가 우드로 윌슨의 도움으로 군주제를 폐지한 뒤 체코슬로바키아공화국을 건설해 초대 대통령이 됐고, 1945년에는 에드바르트 베네슈가 프랭클린 루스벨트의 도움으로 제2차 세계대전의 전화를 극복할 발판을 마련했고, 1989년에는 바츨라프 하벨이 로널드 레이건의 도움으로 벨벳혁명을 성공시켜 공산당의 일당지배체제를 철폐할 수 있었다. Hynek Fajmon, "Důvody pro radar? 1918, 1945, 1989, 1999," *Osobní stránky* (http://fajmon.eu/cze), 18. Listopadu 2007. 한편, 논란이 된 미 육군 레이더 기지 건설계획은 신임 미국 대통령 버락 오바마가 2009년 9월 17일 발표한 신미사일방어체제 계획에 따라 철회됐다.

2) Le signifiant-maître. 라캉주의 정신분석학에서 다른 모든 기표를 대신해 주체를 표상/재현하는 기표. S_1로 약칭되기도 한다. 주인기표가 다른 모든 기표를 대신할 수 있는 이유는 아무런 의미도 없는 텅 빈 기표이기 때문인데, 이런 점에서 '기의 없는 기표'라고 불리기도 한다. 그러나 상징계 속 주체의 결핍을 해소해주거나 막아주는 것이 바로 이 의미 없는 기표이기도 하다. 가령 '나'(I)라는 기표는 그 자체로 지시하는 바(의미)가 아무것도 없지만 우리가 어떤 정체성을 갖고 있다는 착각을 불러일으키게 함으로써 주체가 정체성을 형성할 수 있게 해준다.

3) '눈물의 계곡'에 대해서는 다음을 참조하라. Ralf Dahrendorf, *Reflections on the Revolution in Europe*, London: Chatto and Windus, 1990, p.77.

4) 파리드 자카리아, 나상원·이규정 옮김, 『자유의 미래: 오늘의 민주주의 무엇이 문제인가?』, 민음사, 2004, 73~78쪽.
5) 이 구절은 차르 치하의 러시아에 대해 트로츠키가 한 말을 지젝이 다시 쓴 것이다. "이 나라의 독재정치는 유럽의 절대주의와 아시아의 전제주의 중간 어딘가에 존재한다." Leon Trotsky, *The History of the Russian Revolution*, London: The Camelot Press, 1934, p.474.
6) Lavalas. 1991년 당시 아이티의 대통령이었던 아리스티드(Jean-Bertrand Aristide, 1953~)와 그의 지지자들이 사회민주주의에 근거해 "평등을 동반한 성장"을 목표로 결성한 정치운동. 이 운동의 활동가들이 주축이 되어 결성된 라발라스정치단체(Organisation Politique Lavalas, OPL)는 1994년 아리스티드가 미국 주도의 군부 쿠데타로 사임한 뒤 그 성격이 친서방적으로 변질됐고, 명칭을 투쟁하는인민들의조직(Organisation du peuple en lutte)으로 바꿨다. 1994년 망명지에서 아이티로 돌아온 아리스티드는 자신의 지지자들과 OPL의 활동가 일부를 규합해 1996년 판미라발라스(Fanmi Lavalas, FL)라는 새로운 정치단체를 결성했다. FL의 활동에 근거해 2000년 아리스티드는 다시 대통령에 당선됐으나 2004년 미국이 주도한 쿠데타에 의해 다시 망명할 수밖에 없었다. 그 뒤 FL는 일체의 선거에서 배제되는 조처를 당했다.
7) Peter Hallward, *Damming the Flood: Haiti, Aristide, and the Politics of Containment*, London: Verso, 2008, p.11.
8) 이 구절은 1805년 아이티에 대한 군사적·경제적 봉쇄를 부탁하기 위해 탈레랑(당시 프랑스 외무장관)이 제임스 메디슨(당시 미국 국무장관)에게 보낸 편지에서 봉쇄 이유로 제시된 말이다.
9) Hallward, *Damming the Flood*, p.338.
10) Peter Sloterdijk, *Zorn und Zeit: Politisch-psychologischer Versuch*, Frankfurt am Main: Suhrkamp, 2006.
11) Sendero Luminnoso. 1969년 페루의 고원 지대인 아야쿠초에 위치한 후아망가대학교의 철학 교수 구즈만(Abimael Guzmán, 1934~)의 마오쩌둥주의에 동조한 일군의 공산당원들('붉은 깃발'[Bandera Roja])이 페루공산당을 탈당해 만든 단체. '빛나는 길'이라는 단체명은 페루 공산주

의의 아버지라고 불리는 마리아테기(José Carlos Mariátegui, 1894~1930) 의 격언, "맑스-레닌주의는 혁명으로 향하는 빛나는 길이다"에서 따왔 다. 1980년 3월 17일 무장투쟁 노선을 선언한 뒤로 이들은 현재까지 반 정부 활동을 펼치고 있다.

12) 크리츨리는 알카에다 같은 집단이 표명한 전위주의를 '신(新)레닌주의' 라고 불렀는데(Simon Critchley, *Infinitely Demanding: Ethics of Commitment*, Politics of Resistance, London: Verso, 2005, p.146), 지젝이 그런 표현(또한 크리츨리의 논의 전반)을 비판한 뒤 둘 사이에 논쟁이 붙 었다. 이에 크리츨리는 신레닌주의의 이론적 대표자로 지젝을 지목했 다(Simon Critchley, "Crypto-Schmittianism," *State of Nature*, vol.1, no.2, Winter 2006). 지젝-크리츨리의 논쟁을 정리한 글로는 다음을 참조하 라. Robert Young, "The Violent State," *Naked Punch*, no.12, Supplement, October 16, 2009.

13) Hallward, *Damming the Flood*, p.336.

14) Jean Améry(1912~1978). 오스트리아의 수필가로서 본명은 한스 마이 어(Hans Mayer). 나치에 저항하는 지하운동에 가담했다가 1943년 게 슈타포에 체포되어 아우슈비츠 강제수용소로 끌려갔다. 1945년 종전 과 더불어 석방된 뒤 자신의 이름을 '장 아메리'로 바꾸고 조용히 살다 가, 1966년부터 아우슈비츠에서의 경험과 나치의 잔학함을 알리는 일 련의 저서를 발표해 명성을 얻었다. 1978년 수면제를 먹고 자살로 비 극적인 생을 마감했다.

15) Allen W. Wood, *Hegel's Ethical Thought*, Cambridge: Cambridge University Press 1990, p.255.

16) 천민(Pöbel)에 대한 헤겔의 언급은 『법철학』에 나온다(특히 §244). 헤겔 에게 있어서 천민이란 객관적인 경제적 의미의 빈민과 주관적인 가치 가 결합된 개념이다. "빈곤 그 자체가 사람을 천민화하지는 않는다. 천 민은 빈곤에 결부된 마음의 자세에 따라, 즉 부자나 사회 또는 정부 등 에 대한 내심으로부터의 분노 여하에 따라 비로소 그렇게 규정된다." G. W. F. 헤겔, 임석진 옮김, 『법철학』, 한길사, p.429.

17) '자유주의 르네상스'로 대변되는 이란의 정치적 자유주의 운동의 의미,

그리고 이 운동과 서구 좌파 지식인의 관계에 대해서는 다음의 책을 참조하라. Danny Postel, *Reading Legitimation Crisis in Tehran: Iran and the Future of Liberalism*, Chicago: Prickly Paradigm Press, 2006. 지젝은 이 책의 추천사를 쓰기도 했다.

18) Rosa Luxemburg, "Zur russischen Revolution"(1918), *Gesammelte Werke*, Bd.4, Berlin: Karl Dietz Verlag, 2000, S.362. 흔히 통용되고 있는 영역본에는 해당 구절이 이렇게 번역되어 있다. "[프롤레타리아] 독재란 민주주의를 제거하지는 않고 민주주의를 적용해가는 방식 속에서 이뤄진다." *Rosa Luxemburg Speaks*, ed. Mary Alice Waters, New York: Pathfinder Press, 1970, p.394. [편집부 옮김, 「러시아혁명」, 『룩셈부르크주의: 로자 룩셈부르크 정치저작집』, 풀무질, 2002, 303쪽.]

글쓴이·옮긴이 소개

조르조 아감벤 | 베네치아건축대학교 철학·미학 교수. 1995년부터 선보인 '호모 사케르' 연작을 통해 생명정치와 정치-경제신학 비판의 관점에서 서구 정치철학의 근본 개념들(국가와 인민, 주권과 민주주의, 권리와 인권 등)을 비판적으로 재해석하는 작업을 하고 있다. 2006년 유럽 최고의 문장가에게 수여하는 '샤를 베이용 유럽 에세이상'을 받았다. 최근작으로 『벌거벗음』(Nudità, 2009), 『언어활동의 성사: 맹세/서약의 고고학』(Il sacramento del linguaggio: Archeologia del giuramento, 2008) 등이 있다.

알랭 바디우 | 파리고등사범학교 철학 명예교수. '파리 5월' 이후 정부가 만든 뱅센느 실험대학(現 파리8대학교-뱅센느·생드니)의 철학교수로 부임한 1969년 프랑스맑스레닌주의공산주의자연맹을 결성했고, 1985년부터는 정치조직이라는 단체를 결성해 반인종주의·불법체류자 운동을 활발히 전개하고 있다. 2002년 국제프랑스현대철학연구소를 창립해 후학 양성에도 전력하고 있다. 최근작으로 『철학을 위한 두 번째 선언』(Second manifeste pour la philosophie, 2009), 『사랑의 찬가』(Eloge de l'Amour, 2009) 등이 있다.

다니엘 벤사이드(1946~2010) | 파리8대학교-뱅센느·생드니 철학 교수. 열여섯 살이던 1962년 공산주의자학생연맹에 가입해 정치에 투신한 뒤, 1966년 트로츠키주의를 표방한 혁명적공산주의청년조직을 결성해 1968년의 '파리 5월' 당시 주된 역할을 담당했다. 2009년 프랑스의 급진 좌파들이 집결한 반자본주의신당의 결성을 성공시키는 등 평생을 혁명적 활동가로 보내다가 지난 1월 12일 암으로 사망했다. 유고작으로 『공산주의는 무엇의 이름인가?』(De quoi le communisme est-il le nom?, 2010) 등이 있다.

웬디 브라운 | 캘리포니아대학교 버클리캠퍼스 정치학 교수. 맑스, 니체, 푸코 등을 이론적 자원으로 삼아 현대 자유민주주의에서의 권력구성체, 정치적 정체성/주체성, 시민권 등을 분석한 독창적 작업으로 주목받고 있다. 현재는 세계화와 여타 초국적 권력(종교, 법, 문화, 도덕담론) 등이 주권 개념에 어떤 변화를 가져왔는지 추적하는 작업에 몰두하고 있다. 국내에는 『관용: 다문화제국의 새로운 통치전략』(Regulating Aversion: Tolerance in the Age of Identity and Empire, 2006)이 소개되어 있다.

장-뤽 낭시 | 스트라스부르대학교 철학 명예교수. 1980년 동료인 라쿠-라바르트(Philippe Lacoue-Labarthe, 1940~2007)와 정치철학연구소를 창설해 현실 사회주의의 몰락 이후에 가능한 공산주의와 공동체의 문제를 급진적으로 사유했다. 그 결실의 하나인 『무위의 공동체』(La Communauté désœuvrée, 1986)는 새로운 정치(도래할 정치)를 사유하려는 수많은 동시대 사상가들에게 영감의 원천이 됐다. 최근작으로 『정체성』(Identité: Fragments, franchises, 2010), 『민주주의의 진리』(Vérité de la démocratie, 2008) 등이 있다.

자크 랑시에르 | 파리8대학교-뱅센느·생드니 철학 명예교수. 1965년 『《자본》을 읽자』(Lire le Capital)의 공동저자로 지성계에 데뷔한 뒤, 1975년부터 '아래로부터의 사유'를 모토로 내건 역사잡지 『논리적 반란』(Révoltes Logiques)을 창간해 노동사 연구에 매진했다. 구소련의 붕괴와 더불어 선포된 정치의 종언에 맞서 정치, 평등, 민주주의를 사유하는 수많은 저서를 발표했다. 최근작으로 『정치의 순간』(Moments politiques: Interventions 1977~2009, 2009), 『해방된 관객』(Le Spectateur émancipé, 2008) 등이 있다.

크리스틴 로스 | 뉴욕대학교 비교문학 교수. 1981년 예일대학교에서 박사학위를 받은 뒤 『사회적 공간의 탄생』(The Emergence of Social Space: Rimbaud and the Paris Commune, 1988), 『빠른 차, 깨끗한 몸』(Fast Cars, Clean Bodies: Decolonization and the Reordering of French Culture, 1995) 등을 발표하며 현대 프랑스 대중문화와 사상의 전문가로 두각을 나타내고 있다. 최근작으로 『68년 5월과 그 이후』(May '68 and Its Afterlives, 2002) 등이 있다.

슬라보예 지젝 | 류블랴냐대학교 이론정신분석학협회 대표. 1989년부터 독일 관념론, 맑스주의, 정신분석학을 독특하게 접목시켜 당대의 시사문제와 정치적 사건 등을 도발적으로 분석하는 저서를 매년 2~3권씩 꾸준히 발표하고 있다. 이라크전쟁 이후부터는 민주주의/전체주의, 폭력, 혁명 등을 뒤집어 보는 논쟁적인 저서를 발표하고 있다. 최근작으로『종말의 시대에 살아가기』(Living in the End Times, 2010),『첫 번째는 비극으로, 그 다음엔 희극으로』(First As Tragedy, Then As Farce, 2009) 등이 있다.

김상운 | 전문 번역가. 현대 사상을 맑스주의적 관점에서 고찰하는 사유를 실험하고 있다. 옮긴 책으로『목적 없는 수단: 정치에 관한 11개의 노트』(공역/2009),『다중』(2004),『들뢰즈 사상의 진화』(공역/2004) 등이 있으며,『아감벤의 정치-미학적 실험』(가제)을 집필하고 있다.

양창렬 | 파리1대학 철학과 박사과정. 지은 책으로『현대 정치철학의 모험』(공저/2010) 등이 있고, 옮긴 책으로『목적 없는 수단: 정치에 관한 11개의 노트』(공역/2009),『무지한 스승: 지적 해방에 대한 다섯 가지 교훈』(2008),『정치적인 것의 가장자리에서』(2008) 등이 있다.

홍철기 | 서울대학교 정치학과 박사과정. 현재 '박정희 시대의 헌법사상사'에 대한 연구로 박사학위 논문을 준비 중이다. 안토니오 네그리, 칼 슈미트, 조르조 아감벤 등에 관한 논문을 발표했으며, 옮긴 책으로『우리는 결코 근대인이었던 적이 없다: 대칭적 인류학을 위하여』(2009)가 있다.

민주주의는 죽었는가?
새로운 논쟁을 위하여

초판 1쇄 발행 | 2010년 4월 26일
초판 2쇄 발행 | 2012년 4월 16일
초판 3쇄 발행 | 2017년 2월 13일

지은이 | 조르조 아감벤, 알랭 바디우, 다니엘 벤사이드, 웬디 브라운,
　　　　장-뤽 낭시, 자크 랑시에르, 크리스틴 로스, 슬라보예 지젝
옮긴이 | 김상운, 양창렬, 홍철기
표　지 | Studio 筆夢

펴낸곳 | 도서출판 난장·등록번호 제307-2007-34호
펴낸이 | 이재원
주　소 | (04380) 서울시 용산구 이촌로 105 이촌빌딩 401호
연락처 | (전화) 02-334-7485　(팩스) 02-334-7486
블로그 | blog.naver.com/virilio73
이메일 | nanjang07@naver.com

책값은 뒤표지에 있습니다.
잘못 만들어진 책은 구입하신 서점에서 바꿔드립니다.
ISBN 978-89-961268-8-1 03100

이 도서의 국립중앙도서관 출판시도서목록(CIP)은
e-CIP 홈페이지(http://www.nl.go.kr/ecip)에서 이용하실 수 있습니다.
(CIP제어번호: CIP2010001312)